事業性評価融資推進とソリューション営業

[融資力]トレーニングブック
TRAINING BOOK

株式会社LTCBネットワークス
滝川秀則 著

ビジネス教育出版社
BUSINESS KYOIKU SHUPPANSHA

はじめに

　人口減少、高齢化、企業の海外移転、恒常的低金利など、金融機関にとって逆風となる環境が叫ばれる中、経営の舵とりは益々厳しさを増しています。だからこそ今、真剣に顧客と向き合い、自らの立場を見つめ直し、金融機関の目的・意義・使命について自問する絶好の機会といえるのではないでしょうか。

　バブル以降の苦い経験の中で、金融機関が本来備えていたはずの純粋な役割認識を見失ってしまったのではないかと、私は懸念しています。

　平成26年に金融庁が策定した金融モニタリング基本方針の中で「事業性評価」という言葉を用いて、金融機関の意識の転換を促していますが、それも未だ道半ばの状況です。

　本書は、そうした問題認識の下で、金融機関の最も重要な業務の一つである営業推進における「あるべき姿」を実践していただくために何が必要なのか、そのための基本的な心構えと実践的な考え方について、お伝えできればと思っています。

　私が、営業研修等を通じて感じているのは、
① 　多くの金融機関は、金融庁の考え方に理解を示し、大局的に正しい方向づけを行っているものの、足元の数字合わせを優先するために実践が伴っていないのではないか
② 　それによって、地域や地域を形成する顧客との関係において依然として温度差が生じてしまっているのではないか
③ 　さらに、夢を抱いて入社してきた優秀な人材が、理想と現実の狭間に置かれることで、組織力を低下させるという悪循環に陥ってしまっているのではないか
ということです。

これらを解決するためには、まず組織のトップが強い意思をもって、地域共生のための組織ビジョンの実践を宣言し、それを組織全体に浸透させるために自ら模範となって実践する姿勢を示すことではないかと思います。

　そのための重要なキーワードが、「ソリューション力」です。

　金融機関におけるビジネスの資源は、その地域であり、そこに根を下ろす顧客の方々です。顧客起点で「顧客（地域）は何を求めているのか」「顧客（地域）のために何ができるのか」といった思考を常に巡らし、顧客の課題に愚直に対処することが、結果的に金融機関の成長に繋がるのです。

　それでは、「ソリューション力」高めるためには、何が必要なのでしょうか。

　まず、「意識を変えること」。次に「ソリューションの手法をマスターすること」。最後に「アイデア力（発想力）を磨くこと」です。

　本書では、この3つについて、必要なプロセス、実践に向けた具体的な考え方を説明するとともに、ケーススタディを交えながらより理解を深めていただけるように工夫しています。

　一朝一夕にすべてを身に付けることは難しいかもしれませんが、日々の積み重ねにより間違いなく結果は伴ってくるはずです。

　また、営業担当者のモチベーションも高まり、組織力は格段に強化されることでしょう。

　ちなみに、私が以前在籍していた日本長期信用銀行や日本興業銀行は、残念ながら破綻、統合という形を経て組織はなくなってしまいましたが、これらの銀行で学んだことは、今まさに金融機関に求められている課題解決に少なからずお役に立てるのではないかと思っています。

　そこで、同行において叩き込まれてきました「企業の実態を俯瞰的・長期的視点で把握すること」「多様な視点でソリューションを提案す

ること」の実践手法におけるエッセンスについても、本書で紹介させていただいています。

　金融機関は、単なる資金循環のプラットフォームではありません。地域に根ざした最大の情報ネットワークを有し、優秀な人材の宝庫でもあるだけに、皆さんが感じている以上に地域や地域の顧客の方々が金融機関に期待するところは大きいということを決して忘れないでください。
　恵まれたこれらの資産を有効に活用して、地域共生、地域創生のために知恵を絞ることこそが皆さんに課せられた使命なのです。

　最後に、アメリカの著名な心理学者であり哲学者であったウイリアム・ジェームスが遺した言葉で、松井秀喜氏が座右の銘としている言葉をみなさまに送りたいと思います。

　「心が変われば行動が変わる。」
　「行動が変われば習慣が変わる。」
　「習慣が変われば人格が変わる。」
　「人格が変われば運命が変わる。」

　すべては、本人の意識、思考次第で結果は変わってくるということです。
　本書が、読者の皆様にとって少しでも気づきのきっかけとなり、あるべき姿の実現の一助となることを切に願っております。

平成30年1月

滝川　秀則

目次

はじめに

序章 ソリューション営業とは

1 なぜ「ソリューション営業」が求められるのか ・・・・・・・・・ 2
2 「ジョハリの窓」を応用 ・・・・・・・・・・・・・・・・・・・・・・・・・・・ 4

第1章 正しい営業の心構えとは

第1節 事業性評価の真意とは ・・・・・・・・・・・・・・・・・・・・・・・・ 10
1 金融庁の求める事業性評価と乖離 ・・・・・・・・・・・・・・ 10
2 なぜ事業性評価が強く求められるのか ・・・・・・・・・・・・・ 11

第2節 営業担当者の心構えとは ・・・・・・・・・・・・・・・・・・・・ 17
1 金融機関目線から顧客目線にシフトすること ・・・・・・・ 17
　(1) 顧客と向き合い悩みに寄り添う　17
　(2) 数字に思いを馳せる　19
2 顧客に関心をもつこと ・・・・・・・・・・・・・・・・・・・・・・・・・・ 20
　(1) 恋人と付き合うのと同じ気持ちで　20
　(2) 相手の心を動かす言葉で気持ちを伝える　21
3 徹底的に相手を調べる ・・・・・・・・・・・・・・・・・・・・・・・・・ 23
4 自分の武器を俯瞰的に認識すること ・・・・・・・・・・・・・・ 25
　(1) 他の金融機関の担当者と差別化を図る　25
　(2) 評価するポイントは2つ　26
5 市場感覚を養う ・・・・・・・・・・・・・・・・・・・・・・・・・・・・・・・ 29

第2章 コミュニケーション力が成否を分ける

第1節 コミュニケーションとは何か……………………34
1 問題の所在は営業担当者の心構え …………………34
2 メラビアンの法則を応用する ………………………35
3 周りのあらゆるものに関心を示す …………………37

第2節 コミュニケーション力の高い人とは……………39
1 「聴く力」と「訊く力」を高める …………………39
2 重要なのは相手が納得するまで聴く姿勢 …………39

第3節 コミュニケーション力を高めるキーワードとNGワード‥42
1 コミュニケーション力を高めるキーワード ………42
2 NGワード ………………………………………………44
3 合意につなげるキラーフレーズ ……………………44

第4節 コーチング話法で話を掘り下げる………………46
1 行動の動議づけを与える ……………………………46
2 事　例 …………………………………………………47

第3章 問題解決力を高めるためのプロセスとは

第1節 問題解決にはプロセスが重要……………………50
1 決められたプロセスに従って進める ………………50
2 すべての問題に対して一律に対処しない …………52

第2節 中小企業ヒアリングシート"100"………………56
1 実践的な課題抽出の手法として有効 ………………56
2 事　例 …………………………………………………61

第4章 ソリューション営業のための実践的アプローチ

第1節 定性面からのアプローチ················64
1 会社を見極める視点·······················64
 (1) 経営者を見極める―経営者の資質が事業性判断の基本　65
 (2) 経営メンバーを見極める―経営メンバーは経営を推進する上で社長の脇を固める重要な存在　68
 (3) 企業の骨格を見極める―組織をどう形作ろうとしているのか、組織構造を見極めることで評価は大きく変わる　70
 (4) 組織環境を見定める―組織環境は組織の温度を図る上で重要な視点　74
 (5) 商流を見定める―商流は企業の血流を判断する重要な視点　77
 (6) 現場を見極める　81
 (7) 会社を見極める視点　85
2 事業性評価からソリューション提案への展開事例·······86
 (1) 経営者へのヒアリング　86
  ●X社の概要と経営者へのヒアリング結果　87
 (2) 事業性評価で陥りやすい5つの傾向　95
 (3) 効果的なフレームワークと分析結果　99
 (4) 事業性評価の締めくくり　112

第2節 定量面からのアプローチ················115
1 財務データの分析······················115
2 事例解説····························118

第3節 定性面と定量面を踏まえたソリューションの提案事例·······128

第5章 アイデア力がソリューション力を左右する

1 ラテラルシンキングとロジカルシンキング ・・・・・・・・・・ 138
　(1) ソリューション力を高める発想力とは　138
　(2) 深掘りの具体例　139
2 ラテラルシンキングに必要な3つの力 ・・・・・・・・・・・・・・ 142
　(1) 疑う力　142
　(2) 抽象化する力　143
　(3) セレンディピティ　143
3 ラテラルシンキングを高める8つの着眼点 ・・・・・・・・・・ 145
　(1) 8つの着眼点とは　145
　(2) 事　例　148

序章
Introduction

ソリューション営業とは

1 なぜ「ソリューション営業」が求められるのか

いま「ソリューション営業」がなぜ求められるのでしょうか。

ご存知のとおり、これに対比する言葉に「御用聞き営業」「提案営業」などがあります。本書では、まずその違いを理解することからはじめたいと思います。

御用聞き営業とは、一言で言うと顧客に対して「何か必要なものはありませんか」と尋ねる営業スタイルのことです。また、提案営業は、自社の商品を販売するために「当社ではこのような新商品を出しましたが、是非検討いただけませんか」といった形で顧客に売り込む営業スタイルのことを言います。つまり、御用聞き営業が受動的営業スタイルであるのに対して、提案営業は能動的営業スタイルと言えます。

一方、ソリューション営業を一言で言うと、顧客の抱えている問題に対して、課題提案を行い解決に導く営業スタイルのことです。これも提案営業と同様に能動的営業スタイルと言えますが、提案営業があくまでも自社の立場を主体にしているのに対して、ソリューション営業は顧客の立場に立った営業であるというのが大きな違いと言えます。

では、期待できる成果には、どのような違いがあるのでしょうか（図表1）。まず、御用聞き営業ですが、このスタイルの場合、定期的

図表1　営業スタイル別到達度

	御用聞き営業	提案営業	ソリューション営業
接触頻度	中	少	多
成約率	低	低	中～高
スタイル	受動的	能動的	能動的
顧客満足度	普通	普通	高い
信頼構築	維持	維持（※）	向上
金融機関の差別化	稀	少	高
モチベーション	低下	著しく低下	向上

※頻度が高い場合、相手の不快感に繋がる可能性がある。

序章 ソリューション営業とは

な訪問等の中で、うまくニーズを捉えれば成果に繋げることができます。たとえば、金融機関であれば、集金等の定期的な顧客訪問時に顧客とかわす会話の中からニーズを捉え、それを成果に結び付けるというスタイルです。ただ、このスタイルですと、基本的に偶然性に頼るしかないので、常に成果は限定的です。また、顧客との信頼関係の構築という点においても、一定の信頼関係は維持できるものの、金融機関としての価値の向上にはほとんど繋がりません。さらに担当者のモチベーション向上という点でも、単にルーティーンワークとしてこなすだけなので、効果は期待できません。

　提案営業も、「提案」という言葉の聞こえはいいですが、いわゆるノルマ営業に陥りやすく、最悪の場合出入り禁止になるといったリスクさえあります。筆者の研修でも、若い行員の方から「一度訪問することはできても2回目以降に繋がらない」という悩みをよく聞きますが、なぜ、行きづらくなるのでしょうか。それは、おそらく一方的に提案をする、つまり売り込み営業をしているからだと思います。もちろん限られた接触機会の中で、何とか成果を出したいという思いは理解できますが、一方的にセールストークを発しても、顧客は「忙しい中、会ってやっているのに、単に時間を浪費しているだけだ」と感じてしまうかも知れません。これでは好感を持たれるどころか、かえって悪い印象を与えてしまいかねないのです。

　当然、営業成果に繋がる確率は低く、長期的な信頼関係の構築にもほとんど繋がりません。それだけではなく、せっかく高い志をもって金融機関に入ってこられた若手行員のモチベーションは上がらないですし、最悪の場合、退職を選択する可能性すらあると考えるべきです。

　一方、ソリューション営業は、どうでしょうか。ソリューション営業の場合、①顧客の抱えている問題点をあぶり出し、②その原因を追究し、③課題設定を行い、④それに適したアクションプランを提案するという4つの過程が求められます。つまり、顧客の立場に立って課

題を見つけ、その解決策を提示するわけですから、高度な対話（コミュニケーション）を駆使する必要があるのはもちろんですが、同時に高い頻度で顧客に接触することも重要なポイントになります。このようにきわめて高いスキルが要求されますが、もしこの4つの過程をクリアできれば、確実に成果に結びつけることができます。それだけではなく、顧客満足度を向上させることもできますし、信頼関係の構築にも間違いなく繋がります。

　効果は、担当者にも及びます。というのも、顧客の満足度を高める提案をすることによって達成感を味わうことができるからです。それがひいては、モチベーションの向上にも繋がっていくのです。

2　「ジョハリの窓」を応用

　皆さんは、「ジョハリの窓」という言葉を聞いたことがありますでしょうか。

　これは人間関係をスムーズにするための分析モデルの1つで、コ

図表2　ジョハリの窓

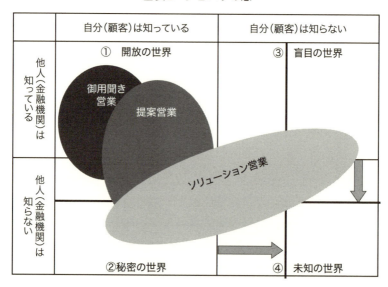

ミュニケーション心理学や健康心理学などで頻繁に利用されています（図表２参照）。自分を取り巻く世界を、①自分も他人も知っている開放の世界（パブリック）、②自分は知っているが他人の知らない秘密の世界（プライベート）、③自分が知らないが他人が知っている盲目の世界（ブラインド）、④自分も他人も知らない未知の世界（アンノウン）に分類することで、自己の認識のズレに気づきを与え、コミュニケーションを円滑にするためのツールです。

　具体的には、まずできる限り自己開示を行い、同時に他人の話を聴くことから始めます。つまり、プライベートな領域を縮小させるとともにブラインドな領域も縮小させることによって、自分と他人の認識のズレを理解するわけです。その上で、ズレの原因を探ることによって他人の認識が受け入れられるようになるという考え方です。たとえば『他人から、○○と思われているかもしれない』『自分には、そういう一面があるかもしれない』といった気づきが、コミュニケーションにおける認識のズレを修復し、その結果として対人関係によるストレスが軽減するというわけです。

　この枠組みを前提に自分を顧客、他人を皆さんの金融機関に置き換えて考えてみてください。

　①は、顧客も金融機関も認識している世界です。たとえば、集金、開示されている顧客情報、毎年継続的に必要となる借入などがこれにあたります。お願い営業のように金融機関の立場を利用した預金、運用商品、借入などの要請も、あえて分類すればここに該当します。

　②は、顧客は認識しているが金融機関は認識していない世界です。たとえば、開示されていない顧客情報、顧客が課題と認識しながら金融機関への相談に至っていない情報などが考えられます。提案営業において、顧客のニーズに合致したことで成約に結び付くケースが、これに該当します。

　③は、顧客は認識していないが、金融機関が認識している情報です。

たとえば、金融機関の情報ネットワーク等から把握した顧客関連情報や顧客に有用な金融商品情報などがこれにあたります。企業調査等によって発見された問題に対して、課題解決に繋がる提案を行うことなどが考えられます。また、他社、他地域等の参考情報も、これに該当します。

　④は、顧客も金融機関も認識していない情報です。たとえば、顕在化していない顧客の課題に関する情報などがこれにあたります。具体的には、①顧客情報の分析、②結果に基づいた問題点の推測、③原因究明、④仮説の設定、⑤課題解決といった一連の提案が該当します。

　ざっくり当てはめてみると、御用聞き営業は①の世界、提案営業の世界は①または③の世界、そしてソリューション営業が②、③、④の世界と言えると思います。たとえば、③の自己を開示するという点でいえば、自社の提供できるサービスやネットワークを理解し、顧客に積極的に開示していくことが求められます。

　また、②の聴く力という点でいえば、あらゆる角度から質問を投げかけ、相手の実態を把握することが求められます。こうすることで、④の部分がオープンかつ明確になり、それが事実を踏まえた仮説に基づく課題提供に繋がっていくのです。つまり、それぞれの世界を区切っている境界線を右下にスライドさせることで①のエリアを広げ、逆に④の領域を狭めるのが理想的なかたちと言えます。

　皆さんには釈迦に説法かもしれませんが、今の金融環境は、国内においては人口減少、企業の資金余剰、低金利の常態化という逆風下にあり、これまでのように①や②の領域だけで勝負していては長期的な経営の安定を担保することはできません。いまや殆どの金融機関が「地域との共生」「ブランド価値の向上」「顧客視点の経営」といった言葉を経営理念や中期経営計画の基本方針の中で謳っているのも、その現われにほかならないのです。だからこそ②、③、④の領域に入り込み、①の領域を最大化することが最大の課題であり、そのツールとしてソ

リューション営業を充実させることが、金融機関共通の命題といえるのです。

　では、どのようにすればソリューション営業のあるべき姿を実践できるのでしょうか。

　その基本は、以下の４点です。

　1．営業の正しい心構えを学び実践すること。

　2．対話力（コミュニケーション力）を高めること。

　3．企業を定性、定量面から俯瞰的に把握すること。

　4．3.を前提とした課題設定力を磨くこと。

　これらについては、次章から細かく解説していきますが、最後の4を実践するためには、問題解決に向けたプロセスの理解と論理的思考力に加えて、発想力を高める水平的思考力の習得が鍵を握ります。本書を読むにあたり、常にこのことを念頭に置きながら学ばれることをお勧めします。

正しい営業の心構えとは

第1節 事業性評価の真意とは

1 金融庁の求める事業性評価と乖離

　最近、「事業性評価」「事業性融資」という言葉が当たり前のように使われていますが、この言葉を正確に理解し、実践している金融機関はどれくらいあるでしょうか。

　この事業性評価や事業性融資について、金融庁は平成26年度の金融モニタリング基本方針の中で、次のように記述しています。まず、金融機関に対して「財務データや担保・保証に必要以上に依存することなく、借り手企業の事業の内容や成長性などを適切に評価（事業性評価）し、融資や助言を行い、企業や産業の成長を支援していくことが求められる」とし、次いで中小・地域金融機関に対して「地域の経済・産業の現状および課題を適切に認識・分析するとともに、こうした分析結果を活用し、様々なライフステージにある企業の事業内容や成長可能性などを適切に評価（事業性評価）した上で、それを踏まえた解決策を検討・提案し、必要な支援を行っていくことが重要である」としています。

　筆者も事業性評価、事業性融資のあり方については、様々な研修を通じて、お話をさせていただいていますが、いまだに金融庁の求める事業性評価を正確に理解し、それを実践している金融機関は見たことがありません。ほとんどの金融機関が形式的・表層的な形・理解に留まっていると、筆者は思っています。たとえば、「事業性評価シート」を本来の目的で活用している金融機関は、いったいどれだけあるでしょうか。筆者の知る限り、ほとんどの金融機関が単にシートを埋めるだけ、つまり埋めることが目的化してしまい、本来の目的である「実態を把握して支援に結び付ける」という肝心のことがおろそかになっ

ていると思えてならないのです。

2　なぜ事業性評価が強く求められるのか

　なぜ事業性評価が強く求められるのかを、改めて整理しておきましょう。

　理由の1つ目は、金融環境が変化したことです。図表3を見てもわかる通り、民間企業の資金過不足は1990年代後半から常に資金余剰の状況が続いています。つまり、企業における資金ニーズは確実に減退傾向にあると言えます。

　さらに人口面でも、今後加速度的に人口減少が進むと予想されます。そういう状況の中で、地域力を維持・向上させるには、地域活性化に向けた新たな取組が不可欠です。もし、こうした取組が行われなければ、地域力の低下は避けられず、間違いなく金融市場は縮小します。同時に企業経営者の高齢化も進むので、確実に事業継続リスクも高まっていくと考えられます。

　その一方で、現在IoT（Internet of Things）をはじめとするネッ

図表3　民間非金融法人企業の負債・資金過不足フローの推移

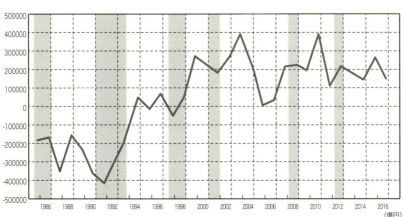

資料：日銀資金循環統計

ト社会に向けた動きが加速度的に進んでいます。様々な分野で技術革新がもたらされ、それを利活用した新たなビジネスモデルや事業体が次々と誕生しているのです。そういう意味では、従来金融機関が対象にしてきた財務的に安定した企業群だけでなく、今後はアーリーステージ、レイターステージ等の企業に対しても積極的に関与していく必要があります。つまり、これからの金融機関に求められるのは、企業の裾野を拡げていくことなのです。

　ただし、ここで気をつけなければいけないのは、アーリーステージ、レイターステージの企業に対して従来型の財務・担保依存の企業評価をしても意味がないということです。当該企業の実態を多面的に分析・評価することによって、長期的視座にたった判断をする必要があるということです。たとえば、経営者が高齢である企業の場合、相続の発生する所有権の承継もさることながら、金融機関にとっては経営の承継が重要なポイントになります。誰を後継者として指名するのか、場合によってはＭ＆Ａを活用した企業売却も視野に入れるなど、スムーズな事業承継がカギを握るのです（図表4）。つまり、従来行ってきた企業の財務や担保だけで判断したアドバイスは、当該企業だけでなく金融機関にとってミスリードを招きかねません。

　2つ目は、過去に行った金融行政の歪みが顕在化したことです。バブル経済崩壊以降、多くの金融機関が不良債権を抱え、統合、淘汰、破綻といった再編を強いられることとなったのは、記憶に新しいところです。その状況を早期に打破するため、当時の金融監督庁は1999年に「預金等受入金融機関に係る検査マニュアル」を制定し、不良債権処理を積極的に進めました。それが結果的に、すべての金融機関を萎縮させ、以後「不良債権を生み出さない経営」「マニュアルに厳格に従ったリスクを取らない経営」を墨守する姿勢を金融機関が貫くことになってしまったのです。

図表4　経営承継の成功・失敗例

	成功	失敗
経営体制	安定/向上	弱体化
従業員の意識	安定/向上	不安感の醸成
業績	安定/向上	低迷
事業継続性	安定/向上	不透明感が高まる
資金調達力	安定/向上	低下
金融機関との関係	安定/向上	悪化

	成　功	失　敗
企業価値	経営新体制へのスムーズな継承により、組織体制への安心感が醸成され、また新たな経営陣による中長期的な戦略による時代に則したビジネスへの展開により、企業価値の増大が期待される。	経営陣の一体化が失われ、組織内求心力が低下。それに伴い、外部からの企業信用力も失われ、最悪会社清算に行きつく可能性もある。ハゲタカ的に大手金融機関主導のM&A等により短期戦略による売却に持ち込まれる可能性もあり、企業価値は大幅に毀損。
与信	業績への懸念は払拭され、新体制による事業展開への期待から、信用力の向上による格付けの向上、与信リスクの低下、与信増大の機会などが期待できる。	与信リスクの増大（格付けの低下）による与信コストの増大、回収リスクの増大。大手企業等による救済型M&Aにより与信の削減リスクもある。
受信	業績向上による流動性増大、相続資産の獲得、従業員等関係者との取引拡大などが期待される。	相続対策による受信の流出、分散リスクが増大。企業が清算、売却となった場合、従業員を含めた総合受信取引に大きなダメージが生じる可能性もある。
手数料	相続対策を主導的に行う中で、不動産関連収益（仲介手数料など）、与信関連収益（融資手数料など）、代理店収益（保険など）、その他収益（M&A仲介手数料など）、銀行グループとしての手数料収益の機会が増える。	与信関連のほか、送金、振り込み関係手数料なども、総合取引として大きく失う可能性が出てくる。
その他	成功事案により、他社に対する相続対策への信頼感が向上。地域活性化のツールとして地元企業の意識向上、相続をひとつの成長の機会ととらえた積極的なビジネスアプローチの機会提供などが期待できる。	従業員の雇用に影響が生じ、地域経済にも深刻な影響を与える可能性がある。地域経済を担う金融機関に対する信頼感にも影響が出る可能性が高まり、金融機関の信用力に影響が現れる可能性も。

たとえば、特別保証制度や緊急保証制度への安易な傾斜が顕著になったのはこの頃からですし、マニュアルに基づく過去の財務指標依存の審査目線が当然のように融資判断の基準になるようになったのも、この頃からです。当該企業に少しでも財務面で懸念が認められれば、速やかに退場に向けたシナリオを準備するという機械的な運営が恒常化しました。まさに、ほとんどの金融機関が「事業価値を判断する」という本来あるべき姿を放棄してしまったわけですが、今度はそれを金融庁が憂慮し、遅ればせながら、ここにきて本来あるべき姿への方向転換を強く求めるようになったわけです。

　3つ目は、金融機関が事務効率化を進めたことで、本来担当者が持つべき数字の把握・分析という重要なスキルを放棄してしまったことです。著者の見る限り1990年代と比べて、金融機関の職員に求められる業務量はリスク管理、内部監査関連の資料作成、多様化する取扱商品の対応など、確実に増加しています。その対応策として、システム化が進められたわけですが、たとえば財務諸表のデータ分析まで落とし込んでしまったことで、営業担当者が自分で数字を把握し、分析するといった作業が疎かになってしまいました。しかも、ご丁寧に財務データの異常値を自動的にチェックし、異常があった場合はシグナルを提示するというシステムまで導入したため、指摘のあった箇所のアウトプットデータだけをピンポイントで確認することで満足するといった姿勢が常態化してしまったのです。
　さらにそれを企業格付けに連動させたため、定性項目までマニュアルに従った形式的な評価を行うようになってしまいました。つまり、過去の財務データこそが、企業価値を示す絶対的な指標であるとの誤った判断に結び付ける結果になってしまったのです。
　こうしたシステム化、マニュアル化の弊害を、筆者は大いに懸念しています。たとえば、付属明細を含めた決算書類とじっくり向き合う

ことによって数字の整合性を確認する、あるいは数字の実態を把握するといった、本来実施すべきことが疎かになっているのではないでしょうか。さらには自ら財務3表を作成してみることで養われる財務諸表に示された数字の意味、3表の関連性等を理解する機会が奪われてしまっているのではないかと、筆者は危惧しています。

　実際、筆者が研修の際、これらの理解度を確認するケーススタディを実施しても、満足のいく結果が得られたことはありません。更に顧客とのコミュニケーションの機会が激減していることも気になります。というのも企業の実態を読み解く力は、コミュニケーションによって養われるからです。つまり、コミュニケーション機会の減少が、担当者に求められる独特の嗅覚を確実に減退させているのです。

　最後の4つ目は、金融機関においてノルマ重視の方針が示されたことによって、営業担当者が思考停止状態に陥っているということです。本来、営業担当者は顧客に身を寄せてニーズを引き出し、その結果をビジネスに繋げることを本旨とするべきなのに、現実は非常にアグレッシブな経営数値目標の達成に向け、足元の数字づくりに躍起になっています。つまり、会社が目指すべき姿として掲げた経営理念やビジョンとは裏腹に、利己主義的なノルマ営業を課している傾向があるということです。

　もちろん営利企業ですから、収益の確保は必須条件です。しかし、その手法があまりにも原始的な売り込み型営業スタイルになってしまってはいないでしょうか。これでは、短期的な成果はあげられても、継続的かつ長期的な成果を上げることはできません。というのも、営業担当者は詳細な項目に落とし込まれた数値目標を日々達成しようとするため、「長期的な営業戦略を立てて顧客とじっくり向き合う」というスタンスを放棄してしまうからです。営業担当者が「どこに何を売り込むか」という発想になると、必然的に思考停止に陥るため、そ

こから顧客目線の発想は生まれてきません。したがって、新たな融資案件や顧客の獲得といった成果を期待することはできません。しかも、こうしたノルマ営業は営業担当者のみならず顧客も疲弊させるので、長期的な観点からみれば双方に大きなダメージを与えることになるのです。

　では、本来あるべき営業担当の姿とは、いったいどのようなものなのでしょうか。それは、収益等の数値の全体目標は設定しても、事細かく仔細にわたって目標数値に落とし込むことは避け、それぞれの担当者に顧客の実態に則した戦略とそれにそった戦術を考えさせることです。つまり、自立的に営業のスタイルを構築し、地域における共存共栄の戦略を意識して行動するように仕向けることが求められているのです。

第2節 営業担当者の心構えとは

1 金融機関目線から顧客目線にシフトすること

(1) 顧客と向き合い悩みに寄り添う

　金融機関の営業担当者は、どうしても顧客の財務状況、資金繰り、格付け、取引金融機関状況をもとに、「どのような金融商品を販売できるか」という目線になりがちです。しかし、こうした発想はあくまで金融機関の都合を優先したものに過ぎず、これでは顧客の実態を正確に把握することは不可能です。その結果、顧客ニーズを的確に把握した提案に繋げることはできないですし、顧客に対して満足してもらえるような営業は到底期待できません。

　では、どうすれば顧客との信頼関係を構築し、長期的で良好な関係

図表5　企業の外部環境と顕在情報・潜在情報

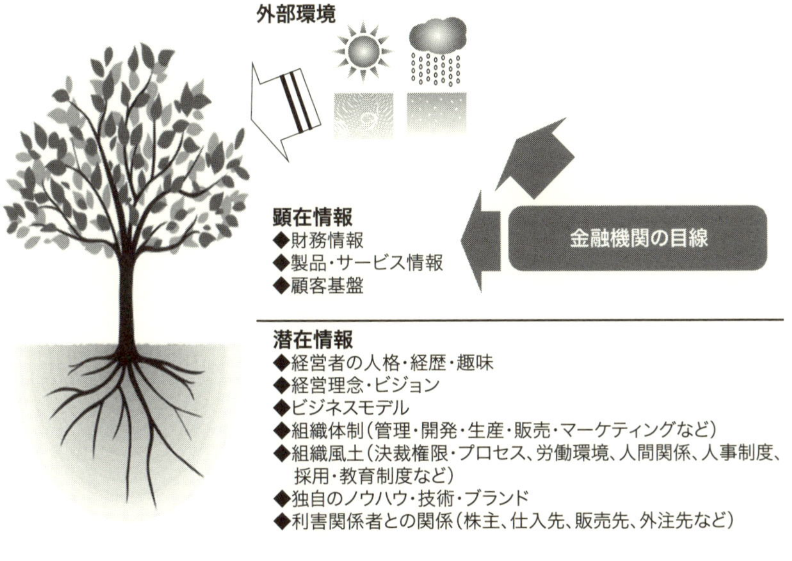

外部環境

顕在情報
◆財務情報
◆製品・サービス情報
◆顧客基盤

金融機関の目線

潜在情報
◆経営者の人格・経歴・趣味
◆経営理念・ビジョン
◆ビジネスモデル
◆組織体制（管理・開発・生産・販売・マーケティングなど）
◆組織風土（決裁権限・プロセス、労働環境、人間関係、人事制度、採用・教育制度など）
◆独自のノウハウ・技術・ブランド
◆利害関係者との関係（株主、仕入先、販売先、外注先など）

を維持することができるのでしょうか。それには、自分が顧客（企業経営者）になったつもりで「何を求めているのか」「何を提供することができるのか」といった観点で顧客と向き合うことが重要です。

そもそも企業経営者が最も気にしているのは何なのでしょうか。すべとは言えませんが、多くの経営者が最も気にしているのは売上です。「目標に掲げた売上を達成するために何をするべきか」ということに日夜頭を悩ませているのです。そして利益を確保するために経費とのバランスに配慮しつつ、安定的な事業継続ができるように組織体制を整備し、かつ人材を確保し、技術開発まで視野に入れながら経営戦略を組み立てているのです。

したがって、これからの営業担当者には顕在化された情報（財務情報、製品・サービス情報、取引顧客基盤など）や外部環境だけでなく、表に現れにくい以下の情報にも注視することで、俯瞰的な観点から企業を診断し、顧客に対して適切なアドバイスを行うことが求められるのです。

① 潜在情報（経営者の人格・経歴・趣味、経営理念、ビジョン、ビジネスモデル、組織体制(管理・開発・生産・販売・マーケティングなど)

② 組織風土（決裁権限・プロセス、労働環境、人間関係、人事制度、採用・教育制度など）

③ 独自のノウハウ・技術・ブランド、利害関係者との関係（株主、仕入先、販売先、外注先など）

樹木でいえば、表面にでている幹や枝、葉、果実だけでなく、土の下に潜む張り巡らされた根に問題がないのか診断する必要があります。見た目は成長している樹木も、実はもぐらに食い荒らされていて、いずれ枯死する、あるいは伐採されてしまう可能性もあるのです。

目先の果実を取り込むことに夢中になるのではなく、土の下をしっかりと診断すること。そして、問題が潜んでいれば、その点を改善さ

せる手立てをアドバイスすることで、樹木はさらに成長し、より多くの果実を取り込むことができるのです。まさに、顧客が金融機関に求めているのは、こうしたアドバイスであり、それには金融機関の膨大な情報ネットワークを生かし、顧客の悩みを解消するソリューション力を身につける必要があるのです。

(2) 数字に思いを馳せる

　もう一つ大切なことがあります。それは、金融機関の職員の場合、扱う金額が比較的大きく、しかも財務諸表という出来上がった数字をみて企業を判断するため、どうしても数字に対する感覚が顧客と乖離してしまう傾向にあるということです。財務諸表の数字は、顧客が1年間必死で積み上げてきたものなので、常にそのことに思いを馳せて対応する必要があることです。

　特に中小企業の場合、数円、場合によっては数銭の単価のものを製造・販売することで決算の数字を作っているところも少なくありません。つまり、日々汗を流しながら必死で積み上げてきた成果なのです。そうした経営者の思いを、普段、数百万円、数千万円、数億円といった融資や手数料に慣れてしまっている金融機関の担当者は、どれだけ理解しているでしょうか。

　たとえば、決算確定後に顧客である社長が金融機関に報告にきたとき、皆さんは社長の努力をきちんと評価しているでしょうか。社長は頑張った証である成績表、つまり財務諸表の報告に来られるのです。その時、社長の努力を全く評価せず、結果だけを見て「売上の伸びが低いですね。利益が減少していますね。今期はどういった計画ですか？」といった質問ばかりしていないでしょうか。

　まずは、「1年間本当にお疲れ様でした。この環境下で前期並みの数字を確保されたことは素晴らしいことだと思います。日々の地道な積み上げの成果であり、我々も誇りに思います。」といった言葉をかけ、

1年間の成果を労うのが担当者の役目なのです。たとえ、売上が大幅に減少し赤字になっていても、誠実に事業を行った結果であれば、同じようにまずは労いの言葉をかけるべきです。そして、その上で原因を究明し、次年度に向けてどのようなサポートができるのかを協議するというのがあるべき姿ではないでしょうか。

　筆者が以前勤めていた会社で財務担当をしていたときのことですが、来訪されたある銀行の担当者に対して、非常に残念な思いをしたことがあります。筆者（当社）としては、増収増益を達成し、担当の方に胸を張って決算について説明をさせていただくつもりでした。ところが、その担当者は決算書の売上と利益の数字だけを確認して、「増収増益ですね。よかったです。それでは詳しくは持ち帰って拝見させていただきます。」と言って、そそくさと帰ってしまったのです。

　読者の皆さんには、理解できないかもしれませんが、財務担当にしてみれば、特に良好な決算内容であった場合には、まずは褒めてもらいたいのです。どういう経緯でこのような数字を作ることができたのかをじっくりと聞いてもらい、その上で、次年度の方針や計画をお伝えし、安心して取引を継続していただきたいというのが本音なのです。

　もし、思いあたるふしがあれば、今後は是非、相手の立場に立って考ることを心がけていただきたいと思います。

2　顧客に関心をもつこと

(1) 恋人と付き合うのと同じ気持ちで

　最近の担当者の方々は、忙しいこともあると思いますが、顧客への関心度が低いように思えます。時には、「単なる数字確保のための道具としか思っていない人もいるのではないか」と疑ってしまうことさえあります。先方の担当者の目は節穴ではなく、皆さんの行動様式などから、どの程度関心をもっているかをすぐに見定めます。そして、

もし関心度が低いと感じれば、決して担当者に本音を話してはくれないのです。

つまり、「会社組織といえども運営しているのは人だ」ということ決して忘れてはいけないのです。皆さんは、金融機関の代表として顧客と取引を推進していく立場にあるわけですから、ある意味自分の恋人と付き合うくらいの思いをもって応対していただきたいと思います。顧客への関心度が高まれば、必ず見えるものが違ってきますし、相手が抱く皆さんの印象も間違いなく変わってくるのです。

ところで、もし皆さんが社長室で商談をすることとなった場合、どういった話の進め方をされますか。緊張するのは仕方がありませんが、開口一番商売の話をしていませんか？

詳しくは、コミュニケーションの章でお話しますが、新規の訪問先であれば、まずは会社名の由来やどのような商品・サービスを提供しているのかといったことを伺ったり、製品等を拝見させていただいたりするべきです。つまり、「貴社に興味があります。貴社のことをいろいろ教えていただきたい」という気持ちを言動に込めることが重要なのです。

(2) 相手の心を動かす言葉で気持ちを伝える

以前筆者がコンサルティング会社のCFO（最高財務責任者）を務めていたときのことですが、ある地方銀行の方が訪ねてこられました。約束もなく突然訪問されたことに違和感を覚えましたが、たまたま時間もあったのでお会いすることにしました。その担当者の方は、お会いするなり、「貴社の調査レポートを拝見し、非常に点数が高かったので、是非当行とお取引いただければと思いお伺いさせていただきました。ついては、3期分の決算書をいただけませんか。」と、席も暖まらないうちに矢継ぎ早に資料を求めてきたのです。

そこで、筆者は「弊社はコンサルティング主体の会社です。資金ニー

ズは再生企業へのファイナンスが主体なので、銀行さんでは対応が難しいと思いますよ。」とお話し、あわせて「そもそも、弊社のことをどの程度お分かりなのですか？」と尋ねました。すると、「詳しくは存じませんが、とにかく優良企業だと思いますので、是非お取引ができればと思っております。」と繰り返しおっしゃるので、仕方なく決算書をお渡しすることにしました。

　しかし、その後は待てど暮らせど返事がありません。2か月ほど経過したときに、痺れを切らして支店に連絡をしたら、本人は異動され、後任にも引継ぎがされていないという呆れた状況でした。恐らく、この方は某調査会社のレポートの点数だけを見て、取引ができると考えてアプローチしたものの、実際に業務内容を確認したら融資は難しいことがわかり、一気に関心を失ったのだと思います。

　これは極端な話かもしれませんが、突然来訪されて「こういう商品があるので、ご関心があれば是非ご連絡ください」「今後資金ニーズがある場合は、是非ご連絡ください」といった話をされて帰られる方も基本的には同じ考えの人たちです。こういう担当者は、顧客に対して関心などほとんどなく、あくまでも融資等の取引対象の企業、換言すればモノとしか見ていないのです。

　そもそも、こうしたセールストークにのせられて連絡してくる会社は、逆に危ない会社だと疑うべきです。正常な企業であれば、すでに多くの金融機関と取引を行い、それぞれの担当者が新規勧奨で訪問しているはずだからです。

　一般的に取引を始めれば、長期的な関係が続くことになるわけですから、間違いなく企業の責任者は値踏みをしてきます。だからこそ最初の印象（担当者の意気込み、関心度合い、将来的な取引メリット等）がきわめて重要であり、先のような担当者に企業の責任者が心を動かされることはないのです。

　ちなみ筆者は、先の銀行に対して「二度とお会いしたくないので、

出入り禁止」を申し伝えました。一事が万事、そういう担当者を外に出す銀行のスタンスは想像できるからです。

　皆さんが、"なんとしてもこの企業と取引がしたい"と思うのなら、相手の心を動かす言葉でその気持ちを伝えることです。「私は御社に大いに関心をもっています。だからいろいろ教えてください。その上で、我々としてなにかお役に立てることを考えさせてください」という気持ちを誠心誠意示すことです。たとえば、先方が食品製造業であれば、①事前に食品を手に取って試食した上で、面談時に感想を伝えてみる、②工場見学を申し出る、③商品が作られるまでのエピソードや苦労話を伺ってみる等々、いろいろなアピールの仕方があるはずです。

3　徹底的に相手を調べる

　最近は、中小企業でもホームページを開設して、会社案内を作成している企業は多いと思います。ほかにも新聞の記事で紹介されたり、雑誌等で掲載されることも少なくないので、会社の概要を知るすべはいくらでもあるはずです。場合によっては、過去に取引があったかもしれません。担当者としては、そうした情報を事前にしっかりと確認しておくことはマストです。

　たとえば、ホームページなら、少なくとも会社の経営理念、沿革、組織、製品（商品・サービス）などの情報が掲載されているので、一通りチェックする。その上で、調査レポートなど、できる限りの情報を集める。さらに「この会社はこんな悩みを持っているのではないか」「こういう課題を抱えているのではないか」「このような提案に興味があるのではないか」といった仮説を立て、その仮説となる前提やポイントを整理してメモに落としておくことをお勧めします。

　かつて筆者が銀行で新規営業を行っていたときは、こうした情報以外に、その会社にとって役に立つと思われる企業情報（新聞、雑誌な

どの切り抜き）や経済情報などを冊子にして持参することを励行していました。

そうすることで、2の(2)で申し上げた関心度を確認できますし、それを材料に話題を広げたり、次の面談のヒントになる課題を見つけることができるのです。

こうした準備を万端整えたら、いよいよ面談です。面談は次の手順でスタートさせましょう。

① お会いいただけたことに感謝を申し上げて、面談の趣旨を伝える。
② 対話の温度感を調整するために、相手が関心を示す話題などで場を温める。
③ 本題へ。近況など聞き出したいことを訊いて聴く（質問を投げかけ情報を引き出す）。
④ 立ててきた仮説をぶつけてみる。
⑤ 対話の中で課題を探る。
⑥ 課題を踏まえて、次回の提案機会に結び付ける。
⑦ 面談いただいたことへの感謝を伝える。

以上が、営業担当者として実践すべき面談の基本形です。この中で、当たり前のように思われるかもしれませんが、感謝の気持ちを伝えることが非常に重要です。金融機関の皆さんは、会ってもらえて当たり前と思っているかもしれませんが、相手からすれば、「金融機関の方々はどこでお世話になるかわからないので、無下にはできない」「なにか役に立つ話を聞かせてもらえるかもしれない」という思いがあるから、限られた時間を削って皆さんと面談してくれるのです。

たとえば、筆者が皆さんと同じように企業の経営者等に面談を申し入れたとしても、恐らく会っていただける確率は10％程度だと思います。それだけ皆さんは、恵まれた環境にいるのです。まずは、その点を忘れないこと。そして、面談をした成果を相手にもしっかり感じ

てもらえるような何かを残すことが重要なのです。

4 自分の武器を俯瞰的に認識すること

(1) 他の金融機関の担当者と差別化を図る

　皆さんは、会社の看板を背負って仕事をしているわけですから、まずは自分の会社の強み、弱み、武器について、しっかり整理しておくことが重要です。他の金融機関と比べて強みは何なのか。たとえば、地域情勢に関する情報力なのか、それとも機動力なのか、あるいは対応の柔軟性、財務状況、商品力なのかといったことをしっかり認識しておく必要があります。そうすることで、相手の会社に取引をするメリットや特長を理解してもらうことができるのです。

　ただし、経営者は、これらの情報だけで金融機関を判断するわけではありません。実は、取引に繋がる最も重要な鍵を握っているのは、ほかでもない担当者である皆さんなのです。もちろん、いくら立派な金融機関でも、企業にとってなんらメリットを付与してくれなければ、取引をするメリットは減価します。しかし、経営者も人ですから、それ以上に相性を気にするのです。たとえ小規模で、特長のない金融機関でも、担当者が一所懸命通い、色々な気づきにつながる提案や実効性のある支援をしてくれれば、経営者はその担当者を信用するのです。

　それには、担当者として自らの武器をきちんと整理する必要があります。たとえば、個人のネットワーク力を武器にするのか、それとも業界知識なのか、あるいは金融商品知識、市場分析力、行動力、社内折衝力なのか。つまり、どれとどれを自分のセールスポイントにして、いかに他の金融機関の担当者と差別化を図るかを、しっかり確認したうえで面談に臨むことが重要なのです。

(2) **評価するポイントは2つ**

　筆者のところにも、よく金融機関の担当者がお見えになりますが、初めての方には必ず「御社と取引をしてどのようなメリットがあるのですか？」「他の金融機関との違いを教えてください」「あなたの強みは何ですか？」といったことを質問します。それは、自分自身と会社のことをきちんと理解していない人に、相手の期待するサービスを提供できるはずがないからです。筆者だけでなく、多くの経営者がこうした質問を投げかけてくるはずです。その際、自信をもって明言できるかどうかが、その後の経営者の取引判断に大きな影響を与えるのです。

　特に筆者が、担当者の強みとして評価するポイントが2つあります。

　1つは、ネットワーク力です。担当者が、社内はもとより社外のネットワークをどの程度構築しているかということです。たとえば、「○○業界の人に話を聞いてみたいんだが、どなたかご存知ではないですか」と聞かれたときに、「私の知り合いに○○業界の人がいるので、一度聞いてみましょうか」「弊社の△△支店の取引先に◇◇という会社があるので、一度担当者を通じて確認してみます」等、すぐにレスポンスがあると「さすが金融機関の担当者だ。こいつは頼りになるな」と一目置かれるはずです。

　自分の知識や技能を磨くことも、もちろん大切ですが、自分一人でソリューションを提供するのには自ずと限界があります。したがって、多様な人脈とつながり、様々な情報ネットワークにアクセスできるスキルを身につけることが重要な判断基準になるのです。

　そのためには、日頃から社内・社外の人たちとコミュニケーションを取り、もし相手から相談を受けたら真剣に対応する。そして、困っていると感じたら能動的に相手の立場に立って「何か手伝えることはないか」を考えてあげるのです。

　皆さんの中にはご存知の方もいると思いますが、心理学に「返報性

の原理」という法則があります。これは「人は相手から何か価値のあることを受けると、それを恩義に感じて必ずお返しをしなければいけないという感情が生まれる」というものです。

　おそらく誰もが、一度はそういう感情を持ったことがあると思いますが、ここで肝心なのは決して見返りを要求しないということです。というのも、こうした心理はいつまでも心のどこかに眠っているものだからです。もし、何かあれば必ず「そういえば以前こんなことで彼には世話になったので、ここでは一肌脱がないといけない」という強い思いが生じるというわけです。つまり、純粋に相手を思う気持ちによる行動であって、親切の押し売りではないということです。

　図表6は、ハブ※型人間になるためのレベル段階を図にしたものです。一番下段が単なる知り合いのレベルで、上に行くほど絆が強くなっていきます。そして、一番上段の心友は相互信頼関係が非常に強固な状態で、皆さんが何か困っている時に能動的に対価を求めず助けてくれる存在を意味します。つまり、この心友のネットワークを広げていくことによって、ネットワークの「ハブ機能」を構築することができるのです。これが実現できれば、皆さんは自分から動くことなくあらゆるネットワークメンバーからソリューションに繋げるための人やもの、関連する情報等を提供してもらうことができるようになるのです。

　筆者はこの立場の人を「ハブ型人間」と呼んでいます。是非皆さんには、この「ハブ型人間」を目指してネットワーク形成に取り組んでいただきたいと思います。

　2つ目は、自信を持って自分の考えを伝えることです。たとえば、言葉の最後に「……だと私は思います。」と、自分の意見を明確に相

※　ハブアンドスポークスのハブ。ハブとは車輪の中心軸で、中心軸から車輪の外側へつないでいる棒をスポークと言い、その基点となる機能のこと。空輸ネットワークにおいて、そのエリアにおける海外からのトランジットの拠点となる空港をハブ空港と言う。オランダのスキポール空港や、アメリカのシカゴオヘア空港などがその代表例。

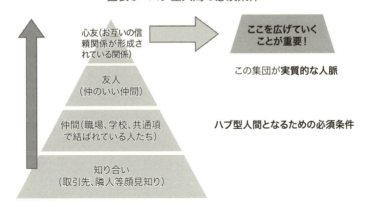

図表6　ハブ型人間の必須条件

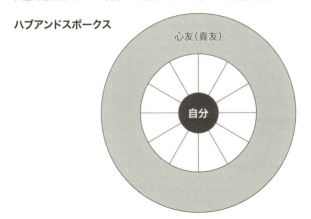

手に伝えることができるかどうかということです。もちろん、その根拠について、自分の言葉で示せることが大前提になります。「こうした事実にかんがみれば、私は○○が最適だと思っております。」と、自分なりに結論付けるに至った理由（根拠）を、自分の言葉でしっかり伝えれば、必ず相手の信頼感は高まります。

　以前、筆者はある銀行の店頭にお邪魔して、投信の説明を受けたことがあります。その時、対応してくださった女性行員の方が「この運

用商品がお勧めです」とおっしゃるので、「その根拠を聞かせてほしい。それと今後の為替の見通しについても伺いたい。」と申し上げところ、「この商品は当行の戦略商品で、全行あげて販売に取り組んでおります。また、為替についてですが、各社のレポートでも今後円安が続く可能性が高いとされております。」との返答でした。筆者はその言葉を聞いて、もちろん席を立ちました。皆さんもお分かりのとおり、その担当者には自分の意見が一切なかったから席を立ったのです。

　もちろん断定的な意見を期待しているわけではありませんが、わざわざ店頭まで出向いたのは、金融商品の専門家から生の意見を聞きたかったからです。できる営業担当者であれば、まずは俯瞰的な情報を仕入れ、その情報を自分なりに咀嚼して自分の考えをまとめ、そのうえでお客様にあった商品を自信をもって提供するはずです。だからこそ、説得力が増し、結果としてお客様の背中を押すことができるのです。

5　市場感覚を養う

　市場感覚とは、経済指標、金融市場指標などの数字に対する認識度のことで、その感覚を養い、様々な数字から自分なりの意見を組み立てていくスキルを磨くことがきわめて重要です。経済がグローバル化する現代社会では、企業だけでなく個人も金利、為替、株式、原油をはじめとした市況商品の価格変動リスクや経済、政治、社会情勢リスクに晒されています。特に経営者は、常にこれらのリスクを捉えながら経営の舵取りを判断しているのです。

　したがって、金融機関がソリューション営業を推進する際、少なくとも金融面における市場情勢については、良きアドバイザー役とならなければいけません。できることなら経済、政治、社会情勢にも目を配り、「日々どのような変化が生じているのか」「今後どのようなリスクが想定されるのか」といった状況把握および仮説設定まで、できるようにするのが理想です。

筆者は、研修等でよく基本的な数字を受講者に問いかけたり、今後の見通しについて意見を求めることがあります。しかし、残念ながら今まで筆者が満足する答えを提示してくれた人はほとんどいません。たとえば、現在の日本のGDP、株価指数、為替レート、債券・金利水準は当然ですが、金融機関の担当者であれば、それらに加えて金融市場の見通しについても語ってもらいたいと思います。もし皆さんの中に「難しいかも？」と思われる方がいらっしゃれば、厳しい言い方かもしれませんが、「何のための担当者なのですか」と申し上げざるを得ません。というのも、常に顧客は「金融機関の方々は金融のプロ、すなわち金融市場についてあらゆる観点からアドバイスをしていただける存在だ」と思っているからです。

　筆者も、かつて銀行員時代に為替、金利、債券、株式といった金融商品取引に関わっていたので、よく経営者の方々から「ところでこれから為替はどうなるのか」「運用の観点から見て、今は株式投資のタイミングと思うか」といった質問をいただきました。実は、いまでもそうしたご相談を受けることがたびたびありますが、その時に「さあ、どうでしょうか。銀行を辞めてずいぶん経ちますのでよくわかりませんが、少し前の日経新聞の有識者のコメントは○○でした。」といった程度の話では、絶対に相手は納得してくれません。自分なりの相場観を様々な財務指標や統計数字、さらには社会情勢などをもとに示すことで、初めて納得してもらえるのです。それには、もちろん付け焼刃的な知識のインプットでは不十分です。日々の継続的な努力の積み重ねにより、自分なりの相場観を養うことが必要なのです。

　ちなみに図表7は、筆者が毎日つけている市場情報を記したノートの一部です。こうした地道な作業を継続することで、過去のデータと比較したり、これまでのトレンドを理解することができるのです。そこには色々な発見があるし、同時に自分なりの相場観も磨かれていくはずです。

図表7　市場情報ノート

第2章
Chapter 2

コミュニケーション力が成否を分ける

第1節 コミュニケーションとは何か

1 問題の所在は営業担当者の心構え

　ここでは、コミュニケーション力がいかに重要かということと、コミュニケーション力を高めるコーチング手法についてお伝えしたいと思います。というのも、最近、多くの金融機関の担当者から、コミュニケーション研修やロールプレイング研修のご依頼をいただくからです。どういうことかと思って研修担当の方に伺ったら、若手担当者から「顧客訪問に行ってもなかなか話が続かない」「2回目の訪問が難しい」「顧客に対して営業話以外に何を話せばいいのかわからない」といった悩みが寄せられているというのです。さらに詳しく伺うと、その原因の多くが、前述した営業担当者としての心構えに問題があるケースがほとんどだということがわかりました。

　そこで、まずは営業担当者としての心構えをしっかりと理解し、その上で、これからお話するコミュニケーション力を高める手法について学んでいただきたいと思います。

　コミュニケーションとは、「お互いの思いを相互にキャッチボールをしながら理解を深め、意識・思考などの暗黙知の思いを形式知に変換する手段であり、同時に自分を確かめる行為でもある」と定義づけることができます。たとえば、皆さんが誰かに今の思いを伝えようとする場合、皆さんの頭の中で話そうとしている内容は、話し始める時点では全く相手に伝わっていません。表情、声の大きさ、言語等を通じて、相手は徐々に皆さんが伝えたい思いを理解していくのです。つまり、会話の中に比喩や色・形・景色・表情などの表現を交えることによって、イメージをより鮮明化させているわけです。このように自分の思いを相手に伝えることを「暗黙知の思いを形式知に変換する」

といいます。

　また、「自分を確かめる行為」とは、相手に話すことによって自分の思っていること、考えていることが整理されるということです。つまり、相手に話すことによって「こういうことを伝えたかったんだ。自分はこういうことを求めていたんだ。」というように、自分の意思が明確化されるのです。

2　メラビアンの法則を応用する

　基本的にコミュニケーションをとる方法には、視覚的、聴覚的、言語的方法の3種類あります。人は相手とコミュニケーションを取る場合、言葉だけを聞いているわけではなく、視覚、聴覚情報からも相手の情報を得ようとしているのです。

　皆さんは、言語情報の影響力はどの程度かご存知でしょうか。たとえば、アメリカの心理学者アルバート・メラビアンが行った実験によると、言語情報はわずか7％で、視覚情報（見た目、身振り手振りなど）が55％、聴覚情報（声のトーン、テンポ、質など）が38％と指摘しています（figure 8）。この結果については、一部に拡大解釈しているとする見解もありますが、非言語コミュニケーションの重要性を説い

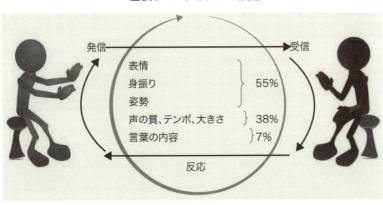

図表8　メラビアンの法則

ているという点では非常に意味がある実験結果だと、筆者は考えています。

　このメラビアンの法則に従えば、皆さんが一所懸命顧客に商品を売り込もうと巧言を並べ立てても、表情や声のトーンに本心が現れていれば、相手に皆さんの思いは伝わってはいません。つまり、コミュニケーションは「心」で行うものであり、巧言を並べ立てることではないということを忘れないでください。とはいえ、伝えたい内容は言葉で表すしかないわけですから、いかに明確かつロジカルに話を展開させることができるかということがきわめて重要になるのです。

　皆さんの中にも、買い物をする際、販売員の態度が気になり買う意欲を失った経験がある方も少なくないと思います。筆者も多くの金融機関の方とお話をしますが、「表情が暗く第一印象が良くない」「ボソボソと小声で話すので聞きづらい」「話の順序立てができていない」といった方と話をすると、どうしても「パッとしないし、声も聞こえにくい人だった」という印象を持ってしまいます。しかも、そういう人との会話に限って、あとになると話の内容をほとんど覚えていないのです。

　では、どうすればコミュニケーション力を高めることができるのでしょうか。それには、まず意識を集中させて心で会話をすることを心がけ、その上で、①本に馴染むこと、②観察力を鍛えること（好奇心を持つこと）をお勧めします。

　①については、いつも残念に思うのですが、研修で受講者の方々に「月に何冊小説などの本を読まれますか」と尋ねると、参加者の年代にもよりますが、多くの場合、1冊読む人が2〜3割程度で、残りの7〜8割の方は本をほとんど読まないという答えが返ってきます。なぜ、小説や伝記などの書籍に馴染むことが重要かというと、プロの小説家は多彩で豊かな表現手法を駆使した情景描写や会話を展開することで物語を組み立てているからです。つまり、作家の多彩で豊かな表

現手法が、日頃の会話における表現力やストーリー展開に確実に役立つのです。

皆さんの中にも、読者家と思われる方と話をして、「この人の話には流れがあり、非常に内容を理解しやすい」と感じたことがある方がいらっしゃると思います。そういう人は、会話の中に巧みに比喩やことわざなどを交えることで、相手にイメージを浮かび上がらせ自然に会話に引き込む工夫をしているのです。

②は、「5感の意識力を高めることによって、会話の種を拾い集めることに注力するべし」ということです。たとえば、人が行動する際、意識して行動するのはわずか5％で、残りの95％は無意識に行動していると言われています。つまり、この意識する部分を少しでも高める努力をすれば、5感で感じる割合が高まり、多くの気づきや感動を得ることができるのです。

3　周りのあらゆるものに関心を示す

皆さんは、セブン-イレブンのマークをご存知ですか。どんな配色になっているのか、どのような文字が書かれていのるか、すぐに思い出すことができますか？

特徴的なのは文字の「ELEVEn」のNが小文字になっていることですが、皆さんはご存知だったでしょうか。また、色はオレンジ・赤・緑が使われています。間違った方、気づかなかった方は、日頃目にしているはずなのに、特に関心がないので、見てはいるものの明確な記憶に落とし込まれていなかったのだと思います。

セブン-イレブンのマーク

もし、皆さんが周りのあらゆるものに関心を示し、観察力を持って見るとどういうことが起こるのでしょうか。たとえば、皆さんが取引

先の会社の社長室に初めて入室したとしましょう。観察力のある人は、まず室内を見渡し、絵画やカレンダーなど壁に飾られているもの、あるいは机に置かれた本などに注目し、それを話題の種に話を展開していくと思います。社長室に飾られている、置いてあるものは、当然社長のお気に入り、あるいは思い出のものが多いはずです。まずは、そうしたものに話題を振ることによって、コミュニケーションを円滑に展開させていくのです。

　「社長は多くの本を読まれているようですが、特にお好きな作家はおられるのですか」と切り出せば、社長は「そうなんだよ。あまり読む時間はないけれど、最近は●●の本にはまっていてね。毎回、結末にいたる展開が奇想天外でハラハラさせられるんだよ」といった具合に、堰を切ったように話をし始めてくれるはずです。そのタイミングで「私はまだその作家の本を読んだことがありません。ぜひ読んでみようと思いますが、お勧めの本があればご紹介ください」と返答すれば、会話はどんどん広がっていくはずです。そうしているうちに共通の趣味など、社長との共通項が見つかるかもしれません。そこまでくれば、お互いの距離は一気に縮まるはずです。

第2節 コミュニケーション力の高い人とは

1 「聴く力」と「訊く力」を高める

　多くの営業担当者の方が、「相手に話題を投げても、それ以降なかなか話が続かない」という悩みを抱えておられると思います。その原因は、いったい何なのでしょうか。実は、皆さんが聞き手としての役割を放棄しているというのが、おもな原因なのです。コミュニケーション力の高い人は、聴く力はもちろんですが、あわせて訊く力も備えています。「訊く」とは質問すること。つまり、質問して相手の話を傾聴することです。

　おそらく悩んでいる方の多くが、①相手に関心が示せない、適切な質問を投げかけらない、話の深掘ができない、②自分の話したいこと、つまりセールスに意識がいき、自分が主導権を握るタイミングばかり計っている、③自分の価値観（イメージ）で相手の話を聞いている、④アドバイス、評価しなければいけない、といった勘違いをしているのではないでしょうか。聴く力とともに訊く力も高めれば、「この人は私に関心を持っているな」という印象を相手に植え付けることができます。そうすれば、相手はどんどん話を繰り出してくれるはずです。

2 重要なのは相手が納得するまで聴く姿勢

　上記の4点について、具体的な解決方法について見ていきたいと思います。まず、①についてですが、これはコーチングの要領が非常に有効なので、コーチングの章で詳しく解説します。

　②は、セールスをする営業担当者によく見られる傾向です。顧客を訪問するなり、「実は……」とセールストークをはじめ、「このような商品をご検討いただけないかと思い、お時間をいただきました。商品

はこのパンフレットに書かれております通り……」と矢継ぎ早に売り込みたい商品を説明し続け、最後に「なにかご質問はございますか」で締めくくる。これでは、単に一方的に話しかけているだけで、コミュニケーションでもなんでもありません。自分が中心で、相手は二の次。とにかく売り込みたいという思いが強すぎて、空回りするばかり。まさに営業担当者が陥りやすい典型的なパターンです。

　これでは、相手に「またセールスに来ただけか」と思われるだけで、結局「時間のあるときに見ておくよ。興味を持ったら、こっちから連絡させてもらうよ」と言って話は終わり。とりあえず言いたいことを言った担当者は、これで満足して「是非、ご検討よろしくお願いいたします」という言葉を残して立ち去る。こんな繰り返しは、双方にとって全く生産的ではないし、無駄な時間を浪費しているだけです。

　③は、自分の尺度でしか会話を進めることができないというケースです。たとえば、「設立の時には死に物狂いで働いたんだ」と話す社長の"死に物狂い"に対して、"少しは大変だっただろうが、表現が大げさだなぁ"と自分の価値観で捉える人は、「それは大変でしたね」の一言で次の展開に話を進めてしまいます。もし相手の尺度をきちんと理解しようと思っていれば、「具体的にはどんなご苦労があったのですか？是非聞かせてください。」と相手の関心を引き付ける言葉が出てくるはずです。

　④は、金融機関の人によく見られる傾向です。相手が悩んでいる、困っているときなど、「相談に乗ってほしい」と言ってきたときに、ついつい「それはおかしいですよ」「こうするべきではないでしょうか」と上から目線で話を片付けようとする、つまり評論家になる人です。日常会話でもよくあることですが、相手の本心は「とにかく聞いてほしい」「悩みを共有してほしい」ということであって、アドバイスを求めているわけではないのです。

　そもそも多くの場合、相手は自分の頭の中を整理するために、誰か

コミュニケーション力が成否を分ける

と話をしたいと思っているのであって、アドバイスや評価を求めているわけではないのです。その点を誤解して、頼られた立場としては「なにか気の利いたことを言ってあげないといけない」とか、金融機関の立場として「意見するのは当然だ」と気負う必要は全くありません。それでは、かえって印象を悪くするだけです。

　重要なのは、とにかく耳を傾け、相手が納得するまで聴くという姿勢です。「どう思いますか？」と問われても、あくまでも「私はこう思いますが、いかがでしょうか？」といった程度に留めておくことです。それでも相手は「いいアドバイスをいただいた」と感じるものなのです。

第3節 コミュニケーション力を高めるキーワードとNGワード

1 コミュニケーション力を高めるキーワード

　本来の目的は商品の紹介ですから、どこかのタイミングでセールスの話題に切り替えなければいけません。そのためには、まずは相手が自分の話を受け入れてくれる環境を作ること、さきほどお話しました観察力等を活かして、相手の関心を自分に向けてもらう必要があります。それができれば、いよいよ商品の紹介です。ここで気をつけてもらいたいのが、伝えたいことをロジカルに展開していかなければいけないということです。

　話す内容を事前に準備しておくのはもちろんですが、できればメモ書きにして手元に用意しておくことをお勧めします。ここまで準備しておけば、相手とスムーズな会話のキャッチボールができるはずです。

　なお、会話をスムーズに進めるためには、以下の4つの原則を守ることが肝要です。

① 量の公理：求める量を伝えること（どういった内容で、どの程度の時間が必要なのか）。
② 質の公理：嘘、確証のないことは決して言わないこと。
③ 関連性の公理：テーマに関係のない話に拡げないこと。
④ 様態の公理：はっきり、簡潔に、ロジカルに順序立てて話を進めること。

　また、以下にコミュニケーションをより円滑にするキーワードと、相手に「関心を持って聴いているな」と印象付ける主なテクニックをご紹介するので、参考にしてください。

コミュニケーション力が成否を分ける

> キーワード

【傾聴、笑顔、ゆったり、丁寧】

　傾聴の重要性は前述したとおりです。笑顔は視覚的印象という点できわめて重要で、こわばった顔やオドオドした顔をしていては、相手も話に集中できません。また、ゆったりした姿勢で丁寧に言葉を選んで話すことも重要です。

> テクニック

【オウム返し】

　相手が「〇〇が好きなんですよ」と言ったら、「そうなんですか。〇〇が好きなんですね」と返す。

【要約する】

　相手の言葉に対して、「ということは、〇〇ということなんですね」と言葉を置き換えてまとめてみる。

【自分の意見を伝える】

　相手の話に対して、「私は、そのお話を聞いて〇〇と感じました」「私は、〇〇ではないかと思いました」と自分の思いを伝える。

【自己開示】

　相手の話に対して、「私にも、こんな経験があります。実は、こんな失敗をしたことがあります」等、相手に知られていない一面を開示する。

【例示開示】

　ことわざや比喩などを交えて話を構成することで、相手に「会話力が高い」と印象付ける方法です。たとえば、相手から「最近はうまく受注ができなくて困っているんだ」と悩みを打ち明けられた時に、「〇〇さん、"人間万事塞翁が馬"ということわざがあるじゃないですか。あまり悩まず、ドンと構えていればいいと思いますよ」とことわざを活用することで、相手に一目置かせる、説得力を高めるといった効果が期待できます。

2　NGワード

一方、以下のアクションは相手に不快感をもたらすので、十分気を付けてください。

① 横柄な態度：足組み、腕組み、肘付き、背中を反らすなど。
② 話をかぶせる：よく政治討論会で見かける風景です。相手が話している途中で「ああ、それ知っています」等、相手の話の腰を折ること。
③ 尋問口調：Why（なぜですか？）と唐突に理由を追及する姿勢。相手からすると、まるで尋問を受けているように感じることがあります。
④ まとめようとする：「それってこういうことですよね。なるほど」というように、相手の話を阻止して、いかにもわかったふりをして話を着地させようとする行動。
⑤ 無責任発言：「大丈夫ですよ。なんとかなりますよ」等々、状況も十分把握しないまま軽率な発言を繰り返すこと。

3　合意につなげるキラーフレーズ

営業では、常に最終合意を取り付ける行為が求められます。そのためのキラーフレーズをあげると、以下のとおりです。

① 達成欲求を刺激する：「こうなったらいいと思いませんか」
② 回避欲求を掻き立てる：「こうなってしまうと困りませんか」
③ 選択肢を用意する：「A案、B案があると思いますが、どちらが好ましいとお考えですか」
④ 承認欲求をくすぐる：「あなたにしかお願いできないのです」
⑤ 仲間意識を醸成する：「一緒に頑張りましょう」
⑥ 感謝を伝える：「そうしていただけるとほんとに助かります」

いかがでしょうか。皆さんも、こうしたフレーズを言われると、「わ

かりました。是非お願いします」と合意に傾くのではないでしょうか。

①は、「これを実施すれば、こんないいことが期待できますよ」といった成果達成をイメージさせるフレーズで、②は、反対に「このままですと、こういうことになりかねませんよ」といったリスクを回避させるためのフレーズです。

③は、よく大手家電量販店の店員が使う話術です。「お客様のご要望からすると△△社製の△△と○○社製の○○がよろしいかと思いますが、どちらがよろしいでしょうか」と選択肢を絞り込ませ、購入に繋げるという方法です。この手法は金融機関の投資商品においても、活用できると思います。というのも、金融商品は、どんどん多様化しているので、こちらから多くの選択肢を提示してしまうと、顧客が迷ってしまうからです。その結果、「少し考えさせてくれ」となって、最終的な成約に結びつかない可能性が高まります。つまり、2、3の選択肢に絞り込むことによって合意に繋げるという心理的なテクニックというわけです。

④は、ある意味最後の一押しの際に発する言葉です。「そこまで私を頼ってきてくれたのなら仕方がないか」と、自分を認めてほしいという欲求を逆手にとったやり方です。

⑤は、「自分だけではなかなか難しいかもしれないが、あなたがサポートしてくれるのなら、やってみようか」と、仲間として協働しますという安心感を相手に持たせることで合意に繋げる方法です。

⑥は、感謝されれば誰でも嬉しいという感情に訴える方法です。人は、感謝されるとついつい使命感的なものから合意するという感情に訴える方法です。

第4節 コーチング話法で話を掘り下げる

1 行動の動議づけを与える

　コーチングとは、双方向のコミュニケーションを通じて、相手のあるべき姿等を実現させるための自発的な行動を誘発するコミュニケーションの方法です。ティーチングが教える相手に答えを学ばせるのに対して、コーチングはあくまでも自らのアイデア・考え・工夫等で課題解決に取り組むという行動の動議づけを与える手法です。このコーチングを上手に活用すれば、相手が気づいていない思いや行動を引き出すことができます。つまり、学ばせる、説得するということではなく、自ら納得して行動に結びつけることができるということです。

　いずれにしても、解は相手が握っているわけですから、場合によっては非常に時間を要する可能性があります。しかし、本人の本質的な悩みやその原因、課題などが明確になりますし、本人も納得した結果まで導き出すことができるので、営業面においても相当の効果が期待できます。

　コーチングの具体的な取組方法ですが、基本的な進め方さえ理解していれば難しいことではありません。まず、質問方法ですが、次の2つがあります。

　1つは、オープンクエッションと呼ばれる質問方法です。これは、HowやWhatなどを使って、制約なく答えを導き出す方法です。たとえば、「思ったように売り上げが伸びない」という問題認識に対して、「それは何が原因だと思いますか?」「それはどんな商品なのですか?」「それはどこで生じているのでしょうか?」「その状況に対してどういった工夫をされているのでしょうか?」等の質問を投げかける手法です。

もう1つは、クローズドクエッションと呼ばれる質問方法です。これは、Yes、Noで答えを求めるもので、「それはこういうことでしょうか？」「こういう理解で間違いないでしょうか？」等、双方の理解に間違いがないことを1つ1つ確認する手法です。

この2つを組み合わせながら、徐々に深掘りしていけば、間違いなく問題の本質的原因や相手の真意を突き止めることができます。このように、2つの質問方法を組み合わせて深掘りする方法をチャンクダウンと言います。

2 事 例

以下は、チャンクダウンの手法を活用した事例です。顧客である社長とのコミュニケーションにおいて、具体的にどのようなやり取りをすればいいのか、見てみましょう。

【担当者】決算書拝見しました。減益ながらこの環境で売上げを維持されたのはすばらしいと思います。ただ、利益が大幅に減少しています。この要因は何なのでしょうか。（チャンクダウン：What）

【社長】そうですね。売り上げを維持するために、かなり値引きをしたのが原因だと思います。

【担当者】どの商品が値引きの対象だったのでしょうか。（チャンクダウン：What）

【社長】すべて一律で値引きを実施しました。営業からの要請が強くて。

【担当者】差別化されている主力製品Ａもですか。（確認：クローズドクエッション）

【社長】はいそうです。個別に対応する余裕がなかったので。

【担当者】営業はどのようにして他社の情報を入手しているのでしょうか。（チャンクダウン：How）

【社長】個々人の顧客からの情報だと思います。

【担当者】それは横断的に共有・確認されているのですか。(確認：クローズドクエッション)

【社長】そこまで確認はしていませんが。

【担当者】B社はこの環境下でも増収増益のようです。早急に情報の精査をされてはいかがですか。このままでは赤字に転落するリスクがあります。早めに手を打たないと、仕入れにも影響がでてくるかもしれません。(回避欲求)

【社長】そうですね。ご指摘の通りかもしれません。至急確認してみます。(合意)

　いかがでしょうか。これは非常にシンプルな事例ですが、こうしたキャッチボールを繰り返すことで、抱えている問題、原因、課題が浮き彫りになり、それが合意形成に繋がっていくのです。

第3章
Chapter 3

問題解決力を高める
ためのプロセスとは

第1節 問題解決にはプロセスが重要

1 決められたプロセスに従って進める

　ソリューション提案においてよく見られるのが、本来のプロセスを飛ばして、一気に最後の課題解決につなげようとする行動です。これでは、決して成功を手にすることはできません。基本的に決められたプロセスに従って、きちんと進めることがきわめて重要なのです。

　では、問題解決からソリューションの提供に向けて、まず行うべきことは何かというと、それは問題の特定です。どういう問題があるのかを、まずはじっくり洗い出す作業からはじめ、その上で問題の原因分析を行うことになります。

　実は、多くの方にこの原因分析をないがしろにして、課題に飛びつこうとする傾向が見られます。つまり、いきなりHow（どうしたらいいのか）の発想に行こうとするケースが多いということです（How思考）。たとえば、ある喫茶店で売上が落ちているという事実が確認されたとします。その際、「周りにビラを撒いたらどうだろうか」「値段を下げたらどうだろうか」「商品ラインナップを増やしてみたらどうだろうか」等、色々なアイデアが出てくると思います。しかし、これを次々と試していくというのは現実的ではありません。実際に非常に非効率な対応といわざるを得ません。

　まずやるべきなのは、Why（なぜか）の発想です（Why思考）。その際、重要なのは、岩盤に突き当たるまでWhyを繰り返すことです。しかし、そもそも原因の所在が特定できていなければ、いくらWhyを繰り返しても本質的な原因につきあたらないかもしれませんし、つきあたったとしても長時間かかる可能性があります。

　そこで、まずやらなければいけないのが、所在の特定です（Where

思考)。喫茶店の例で説明すると、「なぜ売上が落ちているのか」⇒「客単価が下がっているのか、それとも顧客数が減っているのか」⇒（顧客数が減っている）⇒「どの曜日・時間帯なのか、どういう属性の顧客なのか、どの商品の売上なのかといった分析から問題の所在を特定する」⇒その結果、「昼の売上が落ちている」という特定に繋がったとすれば、ここから「なぜ昼の売上が落ちているのか」という原因を究明して行けばいいわけです。

その結果、たとえば「男性顧客のコーヒーの売上が落ちている」といった原因が特定できれば、対応策もおのずから見えてきます。つまり、Whereの特定においては、「いつ、どこで、誰に対して、何が」といった4W（When、Where、Who、What）から切り口を絞り込んでいくことが重要なのです。

〈問題の特定〉
① When　いつ起きている問題なのか
　　　　⇒季節、日、時間、全体のプロセスにおける時点　など
② Where　どこで起きている問題なのか
　　　　⇒場所、部門　など
③ Who　誰に関する問題なのか
　　　　⇒対象顧客、担当者　など
④ What　何に関する問題なのか
　　　　⇒組織、財務、人事、システム、商品　など

このケースの場合、ここからWhyで掘り下げてみると、「昼の男性のコーヒー売上が落ちている」⇒「近隣に新しい競合が出店したのではないか」「コンビニのコーヒー利用が増えているのではないか」「オフィスにおいて設置型の機械が導入されたのではないか」といった原因仮説が考えられます。もし「コンビニのコーヒーを求める男性サラリーマンが増えている」という仮説が考えられるのなら、「なぜ、コ

ンビニコーヒーを求めるのか」⇒「安いから」「旨いから」「待ち時間が少ない」「喫茶店はタバコ臭がきつい」「喫茶店の店員の対応が悪い」といった原因を深掘りすることで、原因の特定に近づくことができます。

　もし、「喫茶店のたばこ臭がきつい」というのが最大の原因である可能性が高いのであれば、そこから課題解決（HOW）に向けた対策を考えていけばいいわけです。たとえば、「分煙を行う」「昼は全面禁煙とする」「タバコ臭を取り除くために換気を強くする」「清浄機を設置する」などの対策が考えられます。

　そして最も重要なのが、この対策を「誰が、いつから、何を、どこに、どのように」といった4W1Hの具体的アクションプランに落とし込んでいくことです。よく見られるのが、「よし、課題は見つかった。では、これを実践しよう」と掛け声だけ勇ましくて、実際には動かないといった事例です。これでは、結果的になんら問題は解決されません。原因を明確にして終わりではなく、対応策を実践して始めて問題は解決するのです。

2　すべての問題に対して一律に対処しない

　皆さんが顧客に対してソリューションを展開する場合、ぜひこうした流れを忘れないでください。たとえば、「中間管理職のマネジメントが弱い（特定された問題認識）」⇒「プレイヤー化してしまっており、マネジメントへの関心が薄い（原因仮説）」⇒「マネジメントに対する意識づけを行うことで、できる限りプレイヤー部分は部下に任せる（課題設定）」⇒「今期より中間管理職全員を対象に人事部主導によるリーダー研修を通じた意識づけの機会を提供する（アクションプラン）」といった形で、具体的な問題解決に向けたアクションプランに繋げていくことが重要です。

　その際、1つ気をつけていただきたいのが、問題にも濃淡があると

いうことです。すべての問題に対して一律に対処しようとすると、時間もコストもかかってしまいます。これでは、効率的な解決策とはいえません。

　効率的に行うためには、列挙された問題の論拠をそれぞれ明確にし、その論拠が与える影響（重要度）、問題解決の実現性等を加味して優先順位を定める必要があります。たとえば、「売上が減少している」という問題の論拠が、「事業継続に支障がでる可能性がある」というレベルであれば、当然優先順位は高くなります。一方で、「本社のスペースが手狭になっている」という問題の論拠が、「社員の職場環境が悪化してきている」というレベルであれば、「売上が減少している」という問題よりも優先度は低くなります。つまり、まずは①問題の列挙及び優先順位の設定を行い、その上で優先順位の高いものから②問題の特定、③原因分析、④課題設定、⑤アクションプランを策定していくという流れにするのがベストです（**図表9**）。

　具体的に説明しましょう。たとえば、ある顧客が「新入社員が早期に退職してしまい困っている」という問題を抱えていたとします。論拠としては、「営業力が強化できない、組織文化が継承できない、人員構成が歪になり組織力が弱体化する」などが考えられ、かなり優先順位の高い問題と認識できます。そこで、原因を深掘りしていったと

図表9　問題解決の進め方

ころ（図表10）、主たる原因と課題を抽出することができたので（図表11）、課題解決のためのアクションプランを策定（図表12）したといった手順になります。

その際、重要なのは「あるべき姿（理想の姿）」とはどういう状況なのかを、きちんと見定めた上で、課題を設定し、アクションプランへつなげることです。こうしたて手順を踏んで、初めて具体的な解決策が明確になってくるのです。

図表10　原因の深掘り

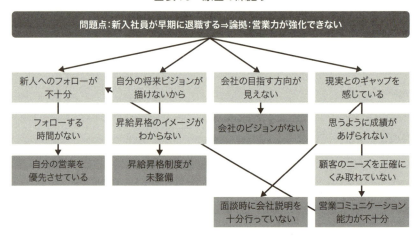

図表11　課題の抽出

主たる原因	課題
自分の営業を優先させている	新入社員への十分なサポート体制を構築すること
営業コミュニケーション能力が不十分	新入社員が早期に営業コミュニケーション力を身に付けること
面談時に会社説明を十分行っていない	面談時に会社について周知させること
昇給昇格制度が未整備	昇格昇給制度を整備すること
会社のビジョンがない	会社のビジョンを策定すること（目的と目標の設定）

あるべき姿：新入社員が長期的に生き生きと働ける職場であること

第3章 問題解決力を高めるためのプロセスとは

図表12 アクションプランの策定

課題	アクションプラン
新入社員への十分なサポート体制を構築すること	6か月間のOJTを実施する。（指導者の選定） 新入社員に対して、1年間業後マンツーマンによる指導時間を30分設定し、当日の行動についてヒアリングを行い、課題を具体的に示すこと。（日報の見直し）
新入社員が早期に営業コミュニケーション力を身に付けること	営業コミュニケーション研修の実施。（×月、外部講師を選定） 1か月間はOJTによる実践研修を実施する。（指導者の選定） 営業マニュアルの整備を×月末までに実施。
面談時に会社について周知させること	採用時用の会社案内の作成。 会社案内をベースに当社のビジョン、中期目標、業務内容、OJT体制、人事制度を説明することにより、当社の実態を理解していただく。 役員以外に担当者による面談を追加する。
昇格昇給制度を整備すること	昇給昇格にかかる給与テーブル、要件定義を明確化する。
会社のビジョンを策定すること（目的と目標の設定）	ビジョン、3か年の中期経営計画作成する。

第2節 中小企業ヒアリングシート"100"

1 実践的な課題抽出の手法として有効

　以前、ある金融機関で「事業性評価からの実践的ソリューション営業」というテーマの研修を半年間にわたり実施させていただいたことがあります。その際、用意した資料に下記の「中小企業ヒアリングシー

図表13　中小企業ヒアリング

		ソリューション部門	ニーズ（チェック）
売上向上施策			
1	販売ルートを拡大したい		
2	販売地域を拡大したい		
3	販売顧客を拡大したい		
4	BtoB（BtoC）へ展開したい		
5	海外展開を図りたい		
6	販売拠点を増やしたい		
7	商品の付加価値を高めたい		
8	商品性を多様化したい		
9	WEB戦略を実施したい		
10	SEO対策を実施したい		
事業拡大／縮小			
11	本社移転・取得／売却を行いたい		
12	支店等拠点を拡大／縮小したい		
13	工場の新設／増設／縮小を行いたい		
多角化戦略			
14	新規ビジネスを行いたい		
15	関連ビジネスを拡大したい		
16	企業買収を行いたい		
17	事業提携を行いたい		
開発戦略			
18	新技術（商品）を開発したい		
情報収集			
19	顧客情報を入手したい		
20	顧客満足度を高めたい		
21	他社情報を入手したい		

ト"100"」があります（**図表13**）。なぜこうしたシートを作成したかというと、「経営者に限られた時間の中で問題点を列挙していただくのは現実的ではない」と考えたからです。もちろん前述したプロセスとは逆行しますが、実践的な課題抽出の手法として、こうしたシートも有効なツールだと考えています。

このシートは、あらゆる視点から用意された100のヒアリング項目を、経営者がひとつずつ潰しこんでいくためのシートです。ただし、経営者が漠然とはいえ自社の問題認識にもとづいた課題を特定してい

シート"100"（一部抜粋）

具体的な課題（WHAT、HOW、WHEN、WHERE、TO WHOM）	課題の起因（WHY）	提案内容	具体的アクションプラン

		ソリューション部門	ニーズ（チェック）
22	他業界の動向を入手したい		
23	市場動向を入手したい		
24	地域情報を入手したい		
25	海外情報を入手したい		
財務改善			
26	資産の有効活用を行いたい		
27	在庫削減を行いたい		
28	効率的資金運用を行いたい		
29	決済条件を改善したい		
30	財務比率を改善したい		
31	借入金返済負担を軽減したい		
32	不採算事業を売却したい		
資金調達			
33	資金コストを引き下げたい		
34	新たな資金調達手法を実施したい		
35	補助金・制度融資などを知りたい		
36	担保に依拠しない調達をしたい		
37	安定した資金調達を実施したい		
38	増資をしたい		
管理体制			
39	資金決済を効率化させたい		
40	収益管理体制を構築したい		
41	生産管理体制を構築したい		
42	販売管理体制を構築したい		
43	在庫管理体制を構築したい		
44	物流管理体制を構築したい		
45	システム管理体制を構築したい		
46	リスク管理体制を構築したい		
47	コンプライアンス態勢を構築したい		
48	人事管理体制を構築したい		
49	財務管理体制を構築したい		
50	グループ管理体制を構築したい		
51	販売先審査体制を構築したい		

具体的な課題（WHAT、HOW、WHEN、WHERE、TO WHOM）	課題の起因（WHY）	提案内容	具体的アクションプラン

るということが前提になります。

　まず大枠の課題を特定し、その上で問題の具体的な所在、原因の妥当性を検証することによって、具体的なソリューションに繋げるという立てつけです。具体的には、一番左側の列に想定される中小企業の問題認識（課題認識）を100個列挙していますので、それに対応する形で、ソリューション部門、ニーズのチェック、具体的な課題、課題の起因、課題に対する提案内容、具体的アクションプランを記入していきます（図表13）。

　なお、このシートは経営者へのヒアリングを前提に、いま抱えている課題を吸い上げるためのツールなので、問題と課題がコインの両面となる形になっています。ソリューション部門は金融機関独自、あるいはグループ企業や親密顧客等で対応できる部門を記載し、ニーズがあれば、そこにチェックをします。そして、問題認識が認められた項目について、4W1Hを使って課題を特定していきます（図表14）。

　その際、右欄にある課題の原因（起因）の確認がきわめて重要なポイントになります。というのも「なぜ、そうした課題認識を持っているのか（問題と捉えているのか）」を、ここで確認することによって、問題に対する課題認識に齟齬が生じていないか、本当にそれが原因に対する課題なのかを検証することができるからです。もしそこに疑問を感じれば、ソリューション提案をする前に軌道修正すればいいのです。

図表14　チェックシートの進め方

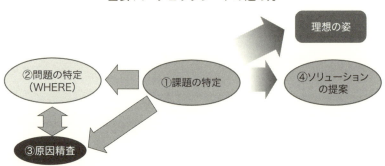

2　事例

　具体的な事例をもとに説明しましょう。たとえば、「本社屋を移転したい」という課題が出てきた場合、「なぜ本社屋を移転したいのか」を確認し、その理由が「実は競合会社が新社屋を建設したから、当社も必要性を感じている」ということであれば、果たしてそれが顧客の論拠として正しいものなのか、議論しなければいけません。ただ単に言葉を鵜呑みにして、本社屋の建設時期、場所、大きさ、コスト等のソリューションを提案しても、結果的に過大負債を抱えるだけかもしれません。つまり、ソリューションとしては不適切な結果を招くことにもなりかねないのです。

　また、販路を拡大したいという顧客に対して、単に「ではビジネスマッチングをさせていただきます」というだけでは、顧客の本当の意図するところを汲み取ったことにはなりません。かえって、ギャップが生じてしまう可能性すらあります。販路を拡大したいといっても、「販売ルートを拡大したいのか」「販売エリアを拡大したいのか」「販売顧客を拡大したいのか」「BtoBからBtoCへ展開を図っていきたいのか」「海外展開を視野に入れたいのか」等々、様々な切り口があります。したがって、まずはきちんと顧客の意図を把握することがきわめて重要なポイントになります。その上で、もし経営者に明確な戦略があれば、それを具体的に確認した上で、金融機関のネットワークを活用して、どのような支援ができるのかを提案すればいいのです。そうすれば、確実に顧客のニーズに沿ったソリューションに繋げることができます。

　実は、研修を実施した金融機関の担当者に、このヒアリングシートを活用して、徹底的にプロセスに則ったソリューションを実践していただいたことがあります。その結果がどうだったかというと、6か月後に想定以上の結果を得ることができました。日頃気づかなかった顧

客の課題が明確になり、それが多くのソリューションの提案に結びつき、結果的に融資、運用商品、手数料ビジネス、グループ会社のビジネス創出等、様々な成果を生み出すことができたのです。

　それだけではありません。社長の抱える悩みに誠実に対応したことで、良き相談相手として「金融機関はこうあるべきなんだ。実は、これを私は期待していたんだ。ようやく金融機関らしい営業に変わってくれたね」と信頼計数が格段に高まったのです。受講者の中には、「取引先の社長から"これからおたくにメインとしての取引をお願いしたい。実はいろいろ相談に乗ってもらいたいことがあるんだ"と頼られ、本当に感動しました」と、筆者に興奮冷めやらぬ顔で報告してくれた担当者もいました。

　このように研修によって様々な成果を得ることができましたが、何よりも最大の成果は全員の顔つきが研修当初とは比べものにならないくらいに明るくなったことです。現在、金融機関が行っているソリューション営業の研修のほとんどが、「このようなケースの場合、このようなソリューションが提供できる」といった対比表を用意した研修だと思います。しかし、こうした研修では顧客の本音を引き出すことはできないので、真のソリューション営業には繋がらないのです。

第4章
Chapter 4

ソリューション営業の ための実践的アプローチ

第1節 定性面からのアプローチ

　第3章までは、ソリューション営業を実践するためのプラットフォーム的な話をしましたが、ここからは実践的な進め方について解説していきます。ソリューション営業を推進するためのアプローチには、第3章で紹介したチェックシートを活用した方法のほかに、顧客の客観的な事実を踏まえて仮説を立てて課題をぶつけていく方法もあります。

　そこで、この章では、「1. 定性面からのアプローチ」「2. 定量面からのアプローチ」について、解説していきます。

1　会社を見極める視点

　中小企業の場合、オーナー企業がほとんどです。そのためソリューションを提案する前段で実施する事業の継続性判断は、経営者自身が70％程度を決定するといっても過言ではありません。たとえば、組織形成、ステイクホルダー（仕入先、販売先、外注先、株主など）との関係、財務成績など、あらゆる面で経営者の資質が影響します。つまり、まず見るべきは経営者であり、その上で経営陣、組織、組織環境、商流、現場等、企業を形成する部分に問題点が見られないかを調査することになります。

　こうした点について、これまで出版されているソリューション営業関連書籍のほとんどが、単に「経営者を見なさい」「沿革を見なさい」と書いているだけで、「具体的に何を見るべきなのか、なぜそれが必要なのか」といったことまで言及した本は、著者の知る限りほとんどありません。そのため多くの皆さんが、「本を読んでも、実際の現場では役立たない」と感じているのではないでしょうか。

第4章 ソリューション営業のための実践的アプローチ

　そこで、本書では、実際にソリューション営業に繋がる方法、つまりどのような観点から確認するべきなのか、どのような態度で営業を進めるべきか等について、具体的かつ丁寧に説明することを意図して執筆しました。

　まず、以下で紹介する「なぜそれが重要なのか」をきちんと理解してください。その上で、本書で示した経営者を含めた詳細なチェック項目を活用すれば、必ず実際のソリューション営業に繋がるので、是非参考にしていただきたいと思います。

(1)　経営者を見極める─経営者の資質が事業性判断の基本

　図表15は、経営者を見極めるべきポイントを一覧にしたものです。たとえば、経歴を確認することで、その経営者の性格をある程度見て取ることができます。高学歴の人や成功体験の意識が強い人の場合、自尊心が強く、自分の考え方に固執しワンマン経営者の性格を呈しやすい傾向が見られます。こうしたワンマン経営者は、企業の成長過程においては経営判断のスピード感、大胆な戦略といった点で優れていますが、一旦壁にぶち当たると、多様な意見を汲み取るといった思考が働きにくいため、組織の活性化が思うように進まなくなる傾向にあります。その結果、凋落の道を辿ることにもなりかねないのです。

　また、過去の職歴において夢を追うことを優先しがちな技術系出身者の場合は、採算性を軽視した過大投資に走る傾向が見られます。一方で、堅実な金融機関出身者の場合は、数字に対する意識が強く保守的になりがちで、事業拡大の好機を逃す傾向が見られます。まずは、こうした経営者の性向を見極め、その上で経営局面がどのステージにあるかを判断します。その上で、適切なアドバイスを行うというのが、金融機関の重要な役割なのです。

図表15　経営者の資質を見極めるべきポイント

	みるべきポイント	補　足
実権者	実権者は誰か	実権者が本当に社長なのか 実権者を特定することが重要
経歴	学歴（どこの学校を卒業しているか）	高学歴：自尊心が強い傾向
	学歴（どの学部を卒業しているか）	理系：人心掌握力に欠ける傾向 技術者上がりは経営よりも事業を優先する傾向
職歴	どういった職業を経験しているか どこの出身か	破綻経験者：経験を糧とする一方、同じ間違いを繰り返す可能性がある
		技術系出身者：採算軽視の理想論を掲げ過大投資を主張する可能性がある
		営業系出身者：販売志向が強く回収リスクを劣後する可能性がある
		金融機関出身者：財務面を重視しリスクを回避する傾向がある 経理に疎い場合がある
スキル	どういった特技、特異な経験を有しているか	経験、技能、知識など事業にプラスとなる能力を有しているか
計数感覚	数字に対する感覚に優れているか	自社の財務、取引、内部計数、マクロ・ミクロ数字に対して認識が十分か
リスク感覚	自社の客観的認識度	思い込みでなく、環境認識を踏まえ、自社を客観的に認識し柔軟な判断ができるか
趣味	賭け事に関心が強くないか	賭け事が好きな経営者は経営には不向き
	何かで高い成果を上げたことはないか	ゴルフなど何かの腕前が高い経営者は事業においても成功しているケースが多い
人格	リーダーシップを有しているか	決断力、責任力、実行力など日頃の会話、行動からも判断できる
		ビッグマウスでないか 経営者は総じて口が達者で目立ちたがり HPなども参照
		セクハラ、パワハラなどの問題を抱えていないか 公私混同していないか
性格	経営者としてふさわしい性格か	暗い、金や時間にルーズ、感情型などといったネガティブ面はないか
年齢	事業意欲は維持できているか	高齢になれば判断力、行動力などが鈍ってくる
健康	事業継続性に支障はないか	不安がある場合のコンティンジェンシープランが定められているか

	みるべきポイント	補足
交遊関係	評判の悪い人物との付き合いがないか	暴力団、特殊な団体等との関係はないか
政治	政治家との深すぎる交流はないか	政治家との癒着は献金等の負担、裏金などに繋がりかねない
宗教	入れ込んでいる宗教はないか	政治家同様、お布施等での資金供与や従業員への負担を招きかねない
異性	女性関係はクリーンか	相続におけるトラブル要因になりかねない 資金供与に繋がる可能性あり
ビジョン	企業の実態に則しているか	形だけのビジョンになっていないか ビジョンに沿わない事業を行っていないか
ミッション	企業の実態に則しているか	形だけのミッションになっていないか ミッションに沿わない事業を行っていないか
経営理念	企業の実態に則しているか	経営理念に則った企業経営が行われているか
個人資産	どの程度の資産を有しているか	万一の場合の資金提供力はあるか
側面調査	ネガティブな意見はないか	業界紙、同業者、遊び仲間などからのネガティブな評判はないか

　いずれにしても、事業性を判断する上で、経営者の性格は重要なポイントの1つです。バランスの取れた経営者は人格者として内外からの信頼が厚く、社員の求心力も強く、顧客との取引構築等においても成果を上げる傾向にあります。一方で、感情的、暴力的、自己中心的な経営者、あるいは優柔不断、自信喪失型の経営者の場合、組織力という点でも注意する必要があります。したがって、まずは経営者をあらゆる角度から観察し、その経営者の傾向を掴み、その上で、その企業の癖、強み、弱み、潜在的リスク等を明確に把握することがきわめて重要です。

　もう1つ重要なポイントがあります。それは、経営者がどのようなビジョンを持っているかを把握することです。ビジョンは企業の目指す姿であり、経営者の思いを言葉で表現したものです。もし当該企業がビジョンを明確に示していないのであれば、それは羅針盤のない船で航行しているようなもので、間違いなく組織内でベクトルが共有さ

れていません。それでも事業が順風満帆の時は問題ありませんが、大きな失敗や方向転換が求められる事態になったときに深刻な事態を招きます。だからこそ、きちんとしたビジョンが必要であり、それがあれば組織を正しい方向に導くことができるのです。

　おそらく皆さんも取引を継続する上で、当該企業の目指す方向に共感が持てるかどうかが、是否の判断をする上で重要なポイントになっていると思います。中には、輝かしいビジョンを掲げながら、実態とズレが生じている企業もあると思いますが、そうした企業は、「どこかのタイミングで深刻な事態に直面する可能性がきわめて高い」といっても過言ではないのです。

　同じようにミッション、経営理念も重要です。ミッションは、企業が責任を持って成し遂げようと考えている任務です。また、経営理念は、企業の拠って立つ信念、哲学、姿勢などを表明したものです。これらは、社員の意識、行動習慣に影響を及ぼすだけでなく、企業文化を形成する礎ともいえるものです。

　しかし、中には立派な言葉を並べているだけで行動が全く伴っていない企業も少なくありません。そうした企業は、経営者が形式的なパフォーマンスを示そうとしているだけか、組織マネジメント力が弱い企業と考えられます。したがって、優柔不断な短期的視点による企業経営、あるいは利己的な立場を主張する独りよがり経営に陥っている可能性が高いので、いずれ組織が崩壊すると考えるべきです。

(2)　経営メンバーを見極める──経営メンバーは経営を推進する上で社長の脇を固める重要な存在

　図表16は、経営メンバーを見極めるべきポイントを一覧にしたものです。基本的に資質を見極めるポイントは、経営者と大きな違いはありません。ただし、経営メンバーの中で誰が経営者と近い人物なのか、番頭的立場の人物が誰なのかを見極めること。また、経営メンバー

第4章 ソリューション営業のための実践的アプローチ

図表16　経営メンバーの資質を見極めるべきポイント

	みるべきポイント	補　足
経歴	学歴（どこの学校を卒業しているか）	高学歴：自尊心が強い傾向
	学歴（どの学部を卒業しているか）	理系：人心掌握力に欠ける傾向 技術者上がりは経営よりも事業を優先する傾向
職歴	どういった職業を経験しているか どこの出身か	技術系出身者：採算軽視の理想論を掲げ過大投資を主張する可能性がある
		営業系出身者：販売志向が強く回収リスクを劣後する可能性がある
		金融機関出身者：財務面を重視しリスクを回避する傾向がある 経理に疎い場合がある
スキル	どういった特技、特異な経験を有しているか	経験、技能、知識など事業にプラスとなる能力を有しているか
趣味	賭け事に関心が強くないか	賭け事が好きな経営メンバーは要注意（資金面でのトラブル原因になる可能性）
	何かで高い成果を上げたことはないか	ゴルフなど何かの腕前が高い経営メンバーは事業においても成功しているケースが多い
人格	リーダーシップを有しているか	決断力、責任力、実行力など日頃の会話、行動からも判断できる
		セクハラ、パワハラなどの問題を抱えていないか 公私混同していないか
性格	経営メンバーとしてふさわしい性格か	暗い、金や時間にルーズ、感情型などといったネガティブ面はないか
年齢	事業意欲は維持できているか	高齢になれば判断力、行動力など鈍ってくる
健康	事業継続性に支障はないか	不安がある場合のコンティンジェンシープランが定められているか
交遊関係	評判の悪い人物と付き合いがないか	暴力団、特殊な団体等との関係はないか
異性	女性関係はクリーンか	公私混同を招きかねない レピュテーションリスク
側面調査	ネガティブな意見はないか	業界紙、同業者、遊び仲間などからのネガティブな評判はないか
管掌部門	どの部門を管掌しているか	本当にその部門にふさわしい人物か（能力的、経験的など）
経営者との関係	姻戚関係／業務関係ではないか	どういう関係なのか 特に姻戚関係にある場合は経営能力の有無が重要

	みるべきポイント	補足
後継者等	後継者候補かどうか	後継者は誰か、実質的な実権者、参謀役は誰か その能力を有しているか
メンバー間の関係	確執、派閥などはないか	経営体制の安定に懸念を有するような関係は存在しないか
取締役会	機能しているのかどうか	形骸化しており、実質的に社長の一存で決定されていないか

内に確執や派閥があると、安定的な経営のリスクになるので、その確認も重要なポイントになります。

ほかにも、「経営メンバーの中に後継者候補がいるのか」「いる場合誰なのか」「その人事はある程度社内でオーソライズされているのか」といったことも、将来のスムーズな経営承継という観点から重要なポイントになります。また、「経営会議、取締役会等がきちんと機能しているか、経営者の独断的な判断が横行していないか」といった点も重要なポイントです。こうした会議が全く機能していないということは、健全な経営判断がルールに則って実施されていないということなので、メンバーあるいは事務局などへのヒアリングを通じて確認するべきです。

筆者がかかわった企業の1つに、経営者が独裁者だったため全く牽制機能が働かず、取締役会は形式的に開催するだけで、議事録も毎回偽装していたというケースがありました。この会社がどうなったかというと、誰も経営者の暴走を止めることができず、最終的に破たんしてしまいました。

(3) **企業の骨格を見極める──組織をどう形作ろうとしているのか、組織構造を見極めることで評価は大きく変わる**

図表17は、企業の骨格を見極めるべきポイントを一覧にしたものです。まず、チェックするのは沿革です。沿革は、その企業の歴史なので、どういう経緯でこの会社を立ち上げ、現在に至る足跡を示したかを沿革を通じて理解することが重要です。長い歴史を有している企

図表17　企業の骨格を見極めるポイント

	みるべきポイント	補　足
沿革	特筆すべきものがないか	設立経緯、設立後の会社の変遷を知ることは重要。特に事業転換、業績の行き詰まりなどがあった場合、その原因を知ることで企業の癖を知ることができる。またそうした事態後の対応を知ることで企業の総合力を判断できる。
株主構成	どういった株主が入っているか	株主の変遷、株主の属性を知ることで経営支配の状況を確認できる。また株主が分散している等の場合、経営判断の遅延、相続時のトラブルを招くリスクがある。
従業員構成	バランスが取れているか	直接部門と間接部門の比率、男女比率、正規雇用の比率など、業界平均と比べて大きな差異がないか、ある場合はどういう理由からか。こうしたことを確認することで、企業の方針や課題が見えてくる。
定着率	幹部職員の定着率	従業員もさることながら、幹部職員の退職率が高い場合には、組織に何らかの問題が生じている可能性が高い。
賃金水準	同業他社、同地域他社との比較	年齢、職種別の水準が他社と比べて大きく乖離している場合、業績の圧迫要因になりかねない。また、安定雇用に影響を及ぼしている可能性もある。
賃金制度	固定給と変動給のバランス	歩合制の比率が高い場合、押し売り営業などに繋がりかねないので、適正なバランスが取れているかどうか。また、基本給、能力給、時間外、賞与についての考え方（賃金規定）次第で、労働問題に発展するリスクが想定される。また、社員の労働意欲にも影響を与える。
人事制度	適切な制度が構築できているか	昇給昇格制度、評価制度、評価に応じた賃金制度へのリンク、休暇制度など、社員のモチベーションを高める制度設計が行われているか。公平すぎる制度は組織の疲弊を招きかねない。
教育制度	人材育成に力を入れているか	内部、外部を問わず、職位等に応じてどのような研修制度や資格取得に対する制度が整備されているか。教育への意識が低い会社は社員をコストと考えている傾向がある。
勤務状況	社員に気力が感じられるか	社員の士気は言動に現れる。朝の出勤状況や日常の勤務態度に問題はないか。また、社員間での積極的なコミュニケーションの機会が提供されており、快活な雰囲気が見て取れるか。
労働組合	組合の有無、組合の強さ	組合に対して経営者の理解があるか。組合も上部団体によってはかなり強固なケースもあり、権利だけを主張し経営に影響を及ぼしかねない。

	みるべきポイント	補　足
規程整備	どのような社内規定が存在するか	上記の人事にかかわる規程のほか、取締役会規程などの基本規程、稟議規程などの組織権限規程、業務規程、コンプライアンス規程など最低限の規程が明確に制定され、それが形骸化せず機能しているかどうか。
本社／支店	どこに存在しどういう役割機能か	なぜそこに本社等を構えているのか。規模、機能は妥当か。やたら華美な社屋、要員にかんがみて過大、過小ではないか。経営者が何を重視しているのかが見えてくる。
工場／店舗	どこに存在しどういう役割機能か	なぜそこに工場等を構え、規模、機能は妥当なのか。収益力に見合わない規模、設備、生産能力になっていないか、人員配置は適切か、理想を追い求めた過大投資や計画性のない設備投資になっていないか。

業の場合、成功、失敗、楽境、苦境など、様々な事態を経験しています。そうした経験を通して、どのような教訓を得、どのように対処してきたかを知ることで、今後の組織における環境対応力を推し量ることができるのです。

　株主構成については、中小企業の場合、経営者あるいは経営者の家族で構成されているケースがほとんどで、まれに親族が多数入っているケースや第三者の株主が名前に入っているケースも見られます。特に親族が多く含まれている、あるいは家族の兄弟姉妹で構成されているケースでは、経営者が他界した際、相続でもめる可能性があります。そうなるとスムーズな経営承継ができなくなるので、顧客に対して「前もって後継者を指名しておくこと、株主を整理しておくこと」を、お勧めするべきです。

　従業員については、正社員比率だけでなく男女比率、年齢構成など、従業員の様態、離職率、賃金水準、賃金制度、人事制度、教育制度、勤務状況、労働組合の有無など、多様な視点からチェックする必要があります。普段あまり気にしない点が多いかもしれませんが、実は組織を見る上で見逃せない重要な点ばかりです。たとえば、正社員

第4章 ソリューション営業のための実践的アプローチ

比率が高ければ、労務費の固定費負担は大きいものの、雇用環境の変化等による採用リスクは低いといえます。ただし、離職率が高い場合は、組織内に何らかのトラブルの種がある可能性が高いと考えられますし、特に幹部職員や技術者の離職率が高ければ、企業の知財にも関わるので、深刻度はさらに増すことになります。

また、男女比率は業種によって変わってくるので、一概には言えませんが、少なくとも昨今の女性活躍推進の観点からだけでなく、組織の活性化という意味でも重要なポイントといえます。というのも、組織は多様な人材を受け入れることによって、より活性化するからです。つまり、年齢や性別の偏りは組織の硬直化を招く要因となるので、この点にも十分留意する必要があります。特に職員の年齢が高齢化しているケースでは、賃金制度等との兼ね合いから人件費の高止まり、あるいは退職金の支払いが一時期に集中するというリスクも考えられます。もし引当金等の対策がとられていなければ、想定外の資金負担が発生し、結果的に資金バランスが悪化する可能性もあるので、特に注意が必要です。

賃金水準については、地域や業界他社と比較して極端に低い場合は、先の離職率や今後の採用に影響がでてくる可能性があります。逆に高い場合は、人件費負担が過大となり、もし業績悪化に伴ってリストラをするような事態になれば、組織力に少なからず影響が生じます。しかも、労働組合が非常に強ければ、そうした事態になっても雇用、賃金の維持を求めてくるので、思うようにリストラを進めることができない、あるいは社員が権利ばかり主張するため組織運営に支障を来すといった事態を招くリスクもあるので注意が必要です。

賃金制度、人事制度、教育制度については、社員のモチベーション向上や組織への帰属意識を高める上でも整備されていることが望ましいといえます。特に昇給昇格制度については、社員が将来設計を行う上で明確にしておくべきです。また人事評価制度、教育制度も社員の

業務への意欲を高め、社員の成長を促す重要な制度といえます。もし、こうした制度に無頓着で、あまり関心を持たない経営者であれば、「いずれ組織に閉塞感が生まれ、活性化を阻害するリスクを持っている」と考えるべきです。

　これらの制度を含めて、「組織における業務を適正に行うためのルールを定めた業務規程、稟議規程、運用規程、権限規程などがきちんと整備され、かつ適正な内容になっているか」をチェックすることも重要なポイントです。さらには、「規程に沿った運用がなされているか、形式的な運用に留まっていないか」といったことまで、できれば現物を確認した上で、ヒアリングにより運用状況を確認するべきです。

　最後にもう1つ、本社、支店、工場、店舗等の資産に関してですが、その規模、立地、築年数、稼働状況等について、金融機関の目からみて妥当性があるかどうか見ておくことも重要なポイントです。企業の中には、経営者のプライドだけで身の丈に合わない華美な建物を建設していたり、逆に老朽化により自然災害に対する対策が十分とられていないケースも見受けられます。いずれにしても、固定資産は長期的な収益によって回収する資産であり、本社のようにコストセンターとされる資産もあるので、「事業を適正にまわすための資産として妥当な価値を有するかどうか」を客観的な目で確かめることが重要です。

(4) 組織環境を見定める―組織環境は組織の温度を図る上で重要な視点

　図表18は、組織環境を見定めるポイントを一覧にしたものです。組織は、その時々の経済状況や社会情勢を踏まえて、常に形を変えていく必要があります。たとえば、高度成長期のような時代は、トップダウンで方針を決める硬直化した組織が効率的でしたが、現在のように日々変革が求められる時代は、組織に柔軟性がなければ生き延びる

図表18　組織環境を見極めるポイント

	みるべきポイント	補　足
経営組織	どういった組織体系か	トップダウンなのか、ボトムアップなのか、組織間の連携度の高さ、フレキシビリティの高さなど、その企業の特性にあった組織形成がなされているか。
組織風土	風通しはいいか	その企業独特の風土が存在するか。自由闊達に意見を言い合える組織か、それともトップダウン型の軍隊組織か。これで会社の雰囲気は大きく違ってくる。特に時代に則した商品などを展開する企業では、活発な議論による多様な発想を受け入れる組織が求められる。
雰囲気	社員の表情	生き生きと仕事をしているかどうか。仕事に対する満足度は表情に現れる。表情、言葉、行動などに覇気があるかどうか。
5S	整理、整頓、清掃、清潔、しつけ	本社内、工場内、店舗内など雑然としていないか。社員は挨拶を励行し、気持ちよく顧客対応をしているか。5Sは企業の健全性を表す最もわかりやすい指標。トイレなどは要チェック。社員間の無駄話なども組織の緩みの一端。
事業計画	策定されているか	明確な事業計画が制定され、それが社員と共有されているか。また、事業計画に対するコミットメントの高さやそれを達成するための明確なPDCAが実践されているか。
管理体制	整備されているか	生産管理、原価管理、仕入管理、販売管理、技術管理、人員管理、収益（コスト）管理など、業務フローに応じた明確な管理体制が整備されているか。中小企業は得てして勘や経験を頼りに実務が行われたり、発注者等のいいなりで曖昧な管理が行われているケースが多い。

ことはできません。では、今の日本の企業に柔軟性があるかというと、いまだにトップダウンによって経営方針を示達している企業が主流を占めているというのが現状です。

　大企業のように人材が豊富な組織ならまだしも、限られたリソースによる経営を余儀なくされる中小企業が旧来型の組織のままでいれば、近い将来、時代の変化についていけなくなる可能性があります。そうしたリスクを回避するためには、それぞれの部署が横断的に繋がる組織にしていく必要があります。具体的には、組織内での連携を強

めることで、トップダウンとボトムアップの両面を備えたフレキシブルな組織を形成することが求められます。

　また、組織風土にも目を向ける必要があります。たとえば、経営者の権限が強い組織であっても、経営者が社員の多様なアイデアや工夫を取り入れ、自由闊達な意見を出し合える組織、風通しの良い組織であれば理想的です。それは、職場の雰囲気にも表れるので、皆さんが職場を訪れた際、ぜひ注意して職場内を確認してください。社員の働く現場を一目見れば、生き生きとした職場なのか、空気が淀んだ閉塞感のある職場なのかはおおよそ判断できるはずです。理想は、緊張感はありながらも、社員の表情が精気を帯びている組織です。そういう職場であれば、少なくともそれが業績にも表れているはずです。

　一方、職場内がワイワイガヤガヤしていて、一見活気がありそうに見えても、よく聞くと雑談が多い職場は要注意です。そういう職場は、単に緊張感が欠如しているだけで、社員の気の弛みが表情に表れているだけなのです。組織の状況を知るには、職場の環境（5Sの徹底）をはじめ挨拶の状況、顧客対応、動きの機敏さなど、様々なところに如実に表れるので、是非注意して観察していただきたいと思います。

　もう1つ、「中長期の事業計画がきちんと策定されているか」ということも重要です。何の計画もなく日々の業務に終われ、その日その日の成果に一喜一憂している組織は、目標を定めずただただ走っているだけのランナーと同じで、いずれ疲弊してしまいます。一方、明確な目標を定め、社員一丸となって目標に向かって進もうとしている組織にはエネルギーが充満しています。特に目標に向けてのステップを常に確認しながら、日々課題を掲げて業務に取り組んでいる組織（いわゆるPDCAの実践組織）であれば、目標達成の可能性はさらに高まります。

最後に管理体制についてですが、実は業績不振企業の多くが、この管理体制を蔑ろにしています。筆者も中小企業のコンサルティングを行っているので肌で感じていますが、経営不振企業に共通する問題は何かというと、「売上管理、原価管理、コスト管理が徹底されていないため、会社の損益がどんぶり勘定になっている」ということです。長期間培ってきた経験に拘泥し、かつ顧客との関係維持に神経を尖らせすぎた結果、管理、交渉という営業の鉄則が疎かになってしまっているのです。

　ちなみに、筆者がかかわった企業のほとんどが、管理体制を徹底することで利益を出せる会社に生まれ変わっています。それは長期的な経営を続けてきている会社には、それなりの付加価値があるからで、もしこれを是としないのであれば、長期的な事業継続の可能性は期待できないと考えるべきです。

(5) 商流を見定める―商流は企業の血流を判断する重要な視点

　図表19は、商流を見定めるポイントを一覧にしたものです。商流とは、企業の事業を形成するビジネスフローです。製造業であれば、どこから原材料を仕入れ、どの外注先を利用して製品を完成させ、どの物流会社を使って販売先に納品するかといった一連の流れです。

　この場合、まず確認すべきことは顧客のポジショニングです。具体的には、まずビジネスフローにおける関係者をマッピングした上で、設計、開発、製造、加工、物流、卸、販売等において、どの役割を担っているのかを明確にすること。そして企業のビジネスモデルの特長、商品、サービスの提供における特長を俯瞰的に捉えることです（図表20）。

　これらを整理することで、その企業のポジショニングが明確になるとともに、利害関係者からの役割期待、存在価値が見えてきます。

図表19 商流を見定めるポイント

	みるべきポイント	補　足
ポジション	自社のポジションはどこか	設計、開発、製造、加工、物流、卸、販売等における会社の位置づけが明確になっているか
		ビジネスモデルの特長は何か
		商品、サービスの特長は何か
		ビジネスモデルは安定しているか（代替になるビジネスモデルの存在等）
		商品、サービスは安定しているか（競合関係、新たなサービスの可能性等）
販売先	販売先は安定しているか	販売額の上位10先、全体の70％程度は押さえておく。過去3～5年の販売額の推移を確認
		①取引先の信用状況に問題はないか、問題がある場合その対策は講じているか
		②取引額に大きな変化はないか、変化がある場合はその理由を明確にすること
		③販売先との関係維持、新規確保するためにどのような体制を構築しているか
		④販売先との力関係はどうか、価格、決済条件等における交渉力を有しているか
仕入先	仕入先は安定しているか	仕入額の上位10先、全体の70％程度は押さえておく。過去3～5年の仕入額の推移を確認
		①仕入先からの安定供給に支障はないか、支障がある場合にはその対策は講じているか
		②仕入額に大きな変化はないか、変化がある場合は、その理由を明確にすること
		③仕入先との関係維持のためにどのような体制を構築しているか
		④仕入先との力関係はどうか、価格、決済条件等における交渉力は有しているか
外注先	外注先は安定しているか	主要な外注先との取引状況を確認
		①外注先の信用状況に問題はないか、問題がある場合その対策は講じているか
		②外注先との関係維持のためにどのような体制を構築しているか
		③繁忙期等における安定した外注を維持するための対策はなされているか
		④外注先との力関係はどうか、価格、決済条件等における交渉力を有しているか

ソリューション営業のための実践的アプローチ

図表20 ビジネスフローのマッピング

一般向けビジネスモデル

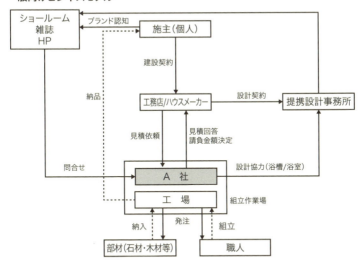

ホテル・旅館向けビジネスモデル

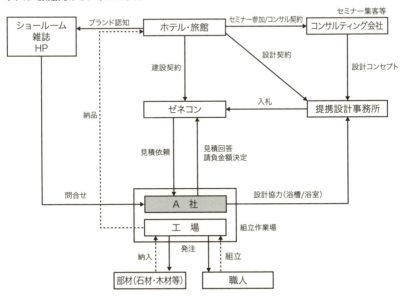

> 【業　務】業務用浴槽の製造販売（フリーオーダー）
> 【販売先】ホテル、旅館、一般住宅
> 【ビジネスモデル】個別営業ではなく、ショールーム、業界雑誌、ホームページ、イベントを通じてブランド認知度を高めつつ、大手ゼネコン、工務店、ハウスメーカー、設計事務所、コンサルティング会社と連携し、全国のホテル、旅館、シニアレジデンス、富裕層の個人住宅向けにオーダーメイドの浴槽設計、製造、販売を行っている。部材仕入は、石材、木材等を専門業者より仕入。組立、設置工事、搬入は外注先に委託。
> 【特　長】フリーオーダー型および浴槽基本材のFRP・ステンレスと自然材（木材、石材）を組み合わせた製品を手掛け、大手が手掛ける大量生産型製品とは差別化されたニッチ市場を開拓している。FRP・ステンレスと自然材を組み合わせてユニットバス化（二重構造）する技術は防水性が高く大手が取り扱っていない製法。旅館等の大型浴槽については、当社が有する特殊溶接技術による高品質商品を提供しており、工場生産したものを現地で組み立てることで工期の短縮を可能にしている。

　なお、ポジショニングにおいては、代替モデルの可能性や競合による参入リスクなどを確認・推測する中で、ポジショニング確立の安定性等を判断します。
　また、ステイクホルダーとなる販売先、仕入先、外注先について、過去の取扱額の推移、取引先の変遷、主要取引先への集中度合などを時系列で分析し、大きな変動がある場合には、その原因を追究します。

あわせて取引先の信用状況についても、取引の安定性に問題がないか、また、それぞれの取引先との力関係についても、取引歴、価格決定プロセス、決済条件等から交渉の弾力性の有無についても判断することで、商流面における様々な課題を確認します。

(6) 現場を見極める

① 製造業にとって工場は心臓部

　図表21は、現場を見極めるポイントを一覧にしたものです。製造業にとって工場は心臓部分であると同時に、付加価値を生む現場でもあります。ただ、その一方で財務の数字には表れない致命的な問題が潜んでいる可能性もあるので、注意が必要です。ほかにも本社と距離的に離れているため経営陣に問題が共有されていないといったケースや、現場で働いている人たちだからこそ認識している問題が潜んでいるのに、恒常的に繰り返す中でそれが当たり前になっているといったケースもあります。

　金融機関の担当者である皆さんが、客観的な視点で、つまり白紙の状態で観察することによって、意外にそうした問題点、疑問点が見えてくることがあります。そうした指摘をすることによって、今まで認識していなかった点に気づきを与えることも少なくないのです。だからこそ、まず現場に足を運び、工場の機能、規模、立地、製品、製造工程、管理体制、労働環境等についてつぶさに観察することが重要なのです。

　実査は、いわゆる「現場」「現物」「現実」の三現主義を徹底することで、現場の実態を把握するのが目的です。そもそも問題意識を持たないまま、単に工場に足を運んで眺めても、なんら課題は見えてきません。事前に工場の概要がわかる資料（立地、規模、機能、製造されている製品などの情報）を取り寄せ、質問事項や観察すべきポイント等についてイメージしておくことが重要です。

図表21　工場のチェックポイント

		ポイント	チェックすべきポイント
実査	工場	概要と特長を掴む	〈事前準備〉
			工場地図、工場概要、製品概要など
			I　工場機能
			①工場の機能、工程は？　設計、開発、生産、検収　等
			②それぞれの特長はなにか
			③設備の稼働状況は　設備能力は
			④設備の耐用年数と経過年数は　保守管理の状況は
			⑤コスト軽減に対する対応は
			II　製品
			①どのような製品を製造しているのか、どの工程の製品か
			②製品の特長は（多品種少ロット　少品種大量生産など）
			③見込生産か、受注生産か
			④他社製品との違い（機能、品質、コストなど）
			⑤マーケットシェア、納入主力先　販売主力先
			⑥在庫管理はどのように行われているか
			⑦生産管理はどのように行われているか
			⑧完成品管理はどのように行われているか
			⑨品質管理はどのように行われているか
			III　工場環境
			①工場の位置づけは（自社製品　OEM　外注　など）
			②工場の立地はどうか（運送面で効率的か、従業員に不便はないか、騒音等公害問題など抱えていないかなど）
			③レイアウトに問題がないか（機能的な配置か、無駄なスペースはないかなど）
			④従業員の様子は（活気があるか、人員配置に問題がないか、年齢層はどうか、労働環境はどうか　など）
			⑤作業工程に問題がないか（原料⇒製造の流れはスムーズか、トラブル時の対応は大丈夫かなど）
			⑥防災、安全対策はとられているか

第4章 ソリューション営業のための実践的アプローチ

たとえば、質問事項としては、**図表21**に列挙した内容に沿って確認していけば、自然にポイントが見えてくるはずです。少なくとも、5W2H（When（いつ建設されたのか）、Where（どこに立地しているか、立地環境に問題はないか）、What（何を行っており、何を製造しているのか）、Why（なぜこの工場を建設したのか）、How Much（いくらの建設コストがかかり、どの程度の製造量、売上額か）、How（どのような製造工程なのか（原料仕入れから搬出まで））、Who（どこに販売しているのか））については事前に確認し、あらかじめ工場の全体像を把握しておく必要があります。その上で、製造工程に従って工場を見学するわけですが、その際、従業員の配置、働きぶり、連携状況、雰囲気、服装、5S（整理、整頓、清掃、清潔、しつけ）」の状況はもちろん、ほかにもレイアウト、稼働状況、自動化の状況、在庫、半製品、製品の保管状況など、様々な視点から気づいた点を列挙していく必要があります。

もちろん、はじめから十分な成果は期待できません。こうしたテクニック、ノウハウは、多くの工場を実際に見て回ることで習得できるものであり、その蓄積が適切なアドバイスに繋がっていくのです。たとえば、対象となる工場が金融機関の担保物件であれば、処分性についてもチェックすることで、万一の場合、速やかに対応することができるのです。

② 流通業にとって店舗は心臓部

非製造業である流通業にとって、店舗は製造業における工場と同等の位置づけです。したがって、工場で説明した内容と同様、実査は非常に重要になってきます。

店舗の場合も、まず**図表22**に従ってヒアリングを行ってください。その上で、ヒアリングの内容を踏まえながら自分が顧客になったつもりで店舗を見て回われば、様々な気づきを得ることができるはずです。

図表22　店舗のチェックポイント

		ポイント	チェックすべきポイント
実査	店舗	概要と特長を掴む	〈事前準備〉
			店舗地図、店舗データ（開業日、店舗面積、売上実績など）
			Ⅰ　店舗概要
			①立地、商圏、店舗アクセス
			②主要ターゲット（主婦層、独身、家族　など）
			③販売商品構成（食品、衣料品、雑貨など）
			④店舗レイアウト（導線に問題がないか）
			⑤商品レイアウト（顧客のニーズにあった商品設置ができているか）
			⑥バックヤード（在庫の管理状況、不良在庫の状況）
			⑦店舗オペレーション（レジの数、レジ係のスキル、対応状況、顧客管理システムの状況、商品陳列までの導線　など）
			⑧店舗に活気があるか
			⑨駐車・駐輪場（十分なスペースが確保されているか）周辺に渋滞が生じていないか
			Ⅱ　人員・顧客
			①店舗人員は適切か
			②店長の資質（リーダーシップを有しているか、店舗環境を踏まえたビジョンを持っているか）
			③店舗運営の自由度はあるか(本部主導か、店舗主導か)
			④パートの戦力化ができているか(パートの権限は？)
			⑤店員の質、サービス（商品知識、店舗熟知度、接客態度）
			⑥顧客の満足度は高そうか（笑顔が見られるか）
			⑦顧客単価、顧客購買品目数はどの程度か、他社と比較してどうか

　その際、働いている店員の声を聴くことで、新たなヒントを得ることもあるので、ぜひ聴いてみてください。

　また、最近は主婦感覚の重要性に気づき、パートの戦力化に取り組んでいる企業も少なくありません。そうしたパートにどの程度の権限を与えているかも重要なポイントです。単にパートのモチベーション

に影響を与えるだけでなく、店舗の業績に繋がってくるケースも少なくないので、必ずチェックしてください。ほかにも店舗の場合、他の店舗や他社の店舗と比較することはそれほど難しくはないので、できる限り多くの店舗と比較し、分析することによって、課題の抽出に繋げることをお勧めします。

(7) 会社を見極める視点

　以上、定性的な実態把握のアプローチについて説明してきました。繰り返しになりますが、重要なのは、表層的な視点から質問するのではなく、高い意識と観察力によって導き出した質問をぶつけることで、課題点を探り出すことです。

　決して、臆する必要はありません。確かに経営者、経営メンバーに関する事項を直接本人から聴ける機会は限られると思いますが、日頃の会話の中、あるいは財務担当へのヒアリングのときに確認していけばいいのです。また、(3)以降のチェックについては、できる限り多くの現場に足を運ぶことで観察力や土地勘を得ることが重要です。

　こうした実査を行うことについて、会社側は間違いなく快く受け入れてくれます。というのも、事前にアレンジする必要があるとはいえ、彼らは金融機関の皆さんに自社を知ってもらいたいと思っているからです。ただし、「是非、会社のことをより詳しく勉強させていただきたい。そして何かお手伝いさせていただくための機会とさせていただきたい」と、誠実に謙虚な姿勢でお願いすることが大前提であり、そのことを十分心してお願いしてください。それでも相手企業がもし非協力的な態度をとるようなことがあれば、なにか知られたくないことがあり、それを隠そうとしている可能性があります。そうした企業と継続的に取引するような場合は、改めて慎重に対応するべきです。

2　事業性評価からソリューション提案への展開事例

(1) 経営者へのヒアリング

ここでは、あるベンチャー企業の事例を活用して、事業性評価のあり方と事業性評価からソリューション提案に繋げる手法について学んでいきます。

まず、次の企業（株式会社X社）の経営者へのヒアリングを踏まえて、X社の特長、事業性を評価し、それをもとに取組方針、ソリューションの提案を考えてみてください。

なお、本事例はあくまでも事業性評価を行うために架空のデータをもとに作成したものであり、実際の企業とはなんら関係ないことを、あらかじめご了解願います。

第4章 ソリューション営業のための実践的アプローチ

X社の概要と経営者へのヒアリング結果

会 社 名	株式会社X社
設 立	2013年4月
事業内容	業務用アロマディフューザーの設計製造 エッセンシャルオイルの輸入販売 エッセンシャルオイルを活かした香りによる空間デザイン
導入実績	大手不動産、大手リゾート企業、外資系ホテル、電鉄会社、大手百貨店、大手自動車販売会社、金融機関、医療法人、介護事業者、スポーツクラブ、ゴルフ倶楽部、プロサッカーチーム、アミューズメント企業、マッサージ企業、美容院　他
ビジョン	「エッセンシャルオイル」のちからを活かしあらゆる空間を、もっと気持ちよく。

◆設立の経緯

　私は、大学受験に失敗したことをきっかけに、自分の将来について考える機会を得、その際、国際開発に関心を抱き、国連開発計画に携わりたいとの思いから、米国U大学の国際開発学部に進学しました。そこで、フェアトレード（伝統的な手工芸品や農産物を公正な価格で取り引きし、企業や地主などから不当な搾取を受けている発展途上国の人々の経済的・社会的自立を支援する運動）に関心を持ち、生産者サイドに立ち、商社・販売事業者と適正なプロフィットシェアができる仕組みによる起業を夢見るようになりました。

　帰国後、最初に勤めたのはD社で金融、製造事業における国際的なコンサルティング事業に携わりました。その後、R社で大学等向けのビジネス構築事業に、さらにデザイン事務所で広告等のデザイン制作に携わり、2013年に当社を立ち上げました。

　これまでの経験の中で、マーケティング、ブランディング、プロモーションに係る知識を習得することができたので、当初の夢でもあったフェアトレードによるビジネス構築を実現化しようと考えたわけですが、当初はか

なり思考錯誤しました。単にフェアトレードであることを訴求するのではなく、消費者のニーズに合った競争力のある製品を適正価格で提供し、生産者にも適正な利潤を提供できるビジネスモデルにしたいと考えたからです。具体的には、①一人でスタートすることができ、②利益率が大きく、③ブルーオーシャンに近い（市場の成長性が高い）、④単発でなく継続的販売が実現できるもの、という切り口で、雑貨、小物類、オーガニックコットンタオルなどを検討しました。しかし、どれも商品が嵩張るため輸送コストが大きく、高い利益率を確保することができないと判断しました。

最終的に利益率が高く、輸送コストが低いエッセンシャルオイル（精油）の市場にターゲットを絞ったわけですが、BtoC（事業者から消費者）のエッセンシャルオイル市場はすでに大手を含めて競合がひしめきあっていました。そこで、日本ではまだ浸透していないというか、参入するチャンスが十分あるBtoB市場への参入をめざし、商業用空間でのビジネス構築を決断しました。

なぜ業務用にチャンスがあるかというと、業務用の場合、ディフューザーと呼ばれる噴霧器からオイルを空間に噴霧しますが、先行する会社の多くがエッセンシャルオイルではなく、フレグランスオイル（人工香料）を中心にしていることがわかったからです。また、エッセンシャルオイルを扱っている会社の製品について、実際に利用者にヒアリングをしたところ、あまり満足度が高くないこともわかりました。ほかにも、噴霧器の中でオイル漏れが起こるため、オイル交換の際、オイルで手がべたべたになること、香の広がり方が不均一であること、さらにはオイルの消費効率が悪いためランニングコストが高く、導入を見送るケースもあることがわかりました。それで、BtoBによるエッセンシャルオイル市場へ参入することを決断しました。

◆エッセンシャルオイルとフレグランスオイルの違い

フレグランスオイルは人工香料で、香水に近いものです。人工的に作るので、香のバリエーションも多く、また香りも強いのが特徴です。一方、エッ

センシャルオイルは100％天然由来であり、自然な香りが特徴です。天然由来なので、植物の性質によっては、抗菌性や抗ウイルス性を備えたものもあります。また、リラックス効果など植物成分由来の効果も期待できるため、最近はアロマセラピーなどでも使われています。

　実は、アロマオイルと言われている製品の中には、人工香料のものも少なくありません。よく洗剤などでアロマの香りと宣伝していますが、ほとんどが人工香料です。いわゆる芳香剤として玄関、車、トイレなどで使われているものも、ほとんどが人工香料です。

　一方、天然香料はそれぞれの植物からオイルを抽出したものなので、生産量に限りがありますし、価格も高く、ものによっては非常に高価なものもあります。また、自然のものなので、時間の経過により徐々に劣化するという弱点があります。

◆当社製品の特長

　人工香料に特化した噴霧器には、米国のP社とS社の製品があります。P社は、日本ではQ社を総代理店として営業しており、最大手の取引先はC社でパチンコホールを中心（約80％）に導入されています。ほかにもホテルやアパレルなどにも導入されています。もう1つのS社の製品は、今のところ日本ではあまり導入されていないようです。

　一方、天然香料は、A社とB社が市場を2分しています。A社は、もともと豪州で初めて天然香料の噴霧技術を開発したI社の日本総代理店としてスタートしましたが、20年ほど前にI社の技術をコピーして独立し、今に至っています。その技術をさらに応用して起業したのがB社で、大手金融会社出身の社長が立ち上げました。いずれも業界における草分け的存在であり、代理店を開拓するとともに自社ルートで事業を拡大しています。

　そうした状況にかんがみて、弊社としては、まず噴霧技術で差別化を図りたいと考えました。そこで世界の企業にアクセスしたところ、香港の企業が、われわれの期待するナノ化技術（噴霧において超微粒子にする技術）を持っていることをつきとめました。早速、同社と日本での独

占販売契約を締結し、オイルを軽量化して噴霧することができるようにしたわけです。

また、ダイソンの掃除機の逆構造に似た円錐状の構造に底辺のところから空気とオイルを送り込むことによって噴霧速度を自然に加速化することに成功するとともに、モーターに頼る動力部分を軽減することによって、小型化・軽量化・消音化も実現しています（大きなモーターを設置する必要がなくなった）。

こうした改良を加えることにより、浮遊時間と拡散範囲が拡大し、均一な香りを提供することが可能になりました。また、オイル消費量も他社に比べて1/3～1/2に抑えることが可能になったため、ランニングコストも1万円を大幅に切ることができました。なお、国内特許については、香港企業の意向で申請していません（コストとの兼ね合い）。

製造は中国の提携先に委託していますが、技術開発は当社が独自に改良を重ねています。たとえば、従来品はよくパッキン部分からオイル漏れが発生しますが、気化パーツをオイル容器内部に組込みパッキンを使用しない構造にすることで、オイル漏れ問題も解決しています。この技術については、現在、特許出願を検討中です（**図表23**）。

◆市場動向について

現在の市場規模を示すデータはありませんが、恐らく商業空間における市場規模は20億円程度かと思われます。もともと日本では無臭が好ましいとされていたことから、香りへの嗜好は海外に比べて強くありませんが、家庭における消臭へのニーズが一般化してきている流れから、商業空間においても心地良い香りを求める動きが出てきています。商業施設を含めて、香り空間による滞在時間の長期化、リラックス効果による購買効果や業務効率の向上、高級感の演出など顧客への差別化の一環として取り入れる動きも広がってきています。

また、認知症予防や感染症予防にも効果があるとの見解も出されており、引き続き用途の広がりが期待できます。確かに人工香料はマスキングという消臭面では効果がありますが、どうしても香りがきつくなりますし、自

第4章 ソリューション営業のための実践的アプローチ

図表23 競合他社との比較表

	X社	競合A社	競合B社	競合C社
設立年	2013	1998	2002	2002
資本金（万円）	500	6,200	4,000	1,000
開発母体	自社	豪I社	豪I社	米P社
業務用製品サイズ（幅×高さ×奥行(mm)）	200×200×73	382×321×130	375×307×110	219×222×98
重量（kg）	1.52	7.2	8.2	2.2
消費電力（w）	5	12	6	N.A.
拡散力	500㎡	250㎡	250㎡	240㎡
噴霧技術	サイクロン噴霧	圧縮空気	圧縮空気	微細噴霧
本体価格（円）	160,000	280,000	200,000	35,000（オイル含む月額リース）
オイル種類	エッセンシャル	エッセンシャル	エッセンシャル	フレグランス
オイル価格（100ml）	10,000円～	4,400円～	7,200円～	N.A.
特長	エッセンシャルオイルをナノ化（超微粒子化）噴霧する技術により、拡散力、効率性を高める。	多様な用途に応じた噴霧器（業務用、家庭用）と豊富な定番オイルの提供	多様な用途に応じた業務用噴霧器と豊富な定番オイルの提供	フレグランスオイルをナノ化する技術。
	サイクロン技術などを利用し消音化。	多くのプロダクトデザイナーを活用して多彩なシーンでのディフューザーを開発。	医療関係機関への導入実績が豊富	
導入先	約800社	約2,300社	約1,000社	N.A.

（製品の構造上の違い）
X社製品：上蓋がオイル容器と一体となっており、注入口からオイルを注ぐ形。
競合2社：専用ボトルを注入口に差し込む方式。

然な香りでないことから好みも分かれがちです。一方、エッセンシャルオイルは100％天然由来ですし、香りもやわらかいので、ほとんど違和感をもたれることがありません。そういう意味では、今後も自然な香りを求める動きは確実に高まっていくと考えられるので、いずれ市場規模は50億

円程度にまで拡大していくと考えています。

　ちなみに、消臭に限れば、今のところオゾンや清浄機などが主流ですが、オゾンは人体に良くないことから、人を介しての消臭作業には不向きです。また、清浄機は空気を清潔にするものの、臭いの原因となる壁や床の臭いを消すことができないという欠点があります。こうした点でも、エッセンシャルオイルの中には雑菌の繁殖を抑える抗菌特性を持つものもあるので、臭いの発生源を抑えるといった活用も期待できます。

◆今後の戦略について

　弊社は創業後3年以上、噴霧機の開発に注力してきたため、今年で創業5年目ですが、いまだに十分な売上を上げるまでには至っていません。資本力も乏しく、従業員も私を含め3名体制です（エッセンシャルオイルの品質管理と香り開発の責任者、納品スタッフ）。

　業績的にも4期目の売上が数千万円、利益も何とか確保できている程度です。最大手のA社の売上高が約10億円ですから、まだまだひよっこですが、技術面を含め競争力は間違いなく高いと自負しています。今後、拡販に向けた体制を整備していけば、必ず売上及び利益を拡大できると考えています。

　まず、営業面ですが、代理店を拡大するほか、HPやSNSサイトを通じて認知度を高めていきたいと考えています。トライアル使用についても、積極的に受注することで、製品の有能性と快適性を実感していただけるものと考えており、それを足場に成約率を高めていく方針です。

　また、現在の主力は業務用ですが、BtoCでも市場開拓の余地があると考え、このたびカーディフューザーを開発し、販促をスタートさせました。車用の製品は、家庭用を改良したものなので、原料の主体はほとんどが人工香料です。唯一、A社の製品がエッセンシャルオイルを使用していますが、シガーソケットを使用する製品なので、毎回分解してオイルを補充しなければいけないですし、補充時にオイル漏れが生じる可能性もあります。そうした手間やリスクを解消すべく、当社ではエアコンの吹き出し口に設置し補充は不要、暖房時などの温度変化においてもオイル漏れが発生しない

図表24　カーディフューザーの比較表

	X社	A社
噴霧形式	自然揮発型	シガーソケット型
オイル容量	10ml	5ml
持続期間	1か月（注入不要、24時間蓋解放利用）	パットに2、3滴染み込ませて2～3時間。5mlで150時間程度。
適応力	全ての車に設置可	一部不適応
安全性	オイル漏れリスクなし（オイル漏れ防止構造）	充填時のオイル漏れリスク有
利用方法	エアコン吹出口に差込	分解後パットに染み込ませシガーソケットに差込
価格	3000円（なお、詰め替え用は2800円（30ml）	1900円～（詰め替え用は1200円（10ml）～）

製品を開発しました。当該製品については、現在特許を出願中です。

　価格的には、3000円と人工香料の製品に比べて高くなっていますが、今の時代、本物の香りと心地良い空間を求める消費者も少なくないので、そうした方々に訴求していきたいと考えています。販売ルートは、イエローハットのような量販店ではなく、富裕層を中心にターゲットを絞り口コミで広げていきたいと考えています。たとえば、A社は高級外車を扱う企業などにアプローチし、企業独自のオリジナル商品として市場確保を推進しています。当社としても、装着性などの優位性を前面に出して、ゴルフ場などの富裕層の集まる場所や、車に対する愛着度の高いマニアの集まるショップなどをターゲットにしていきたいと考えています。すでにカーグッズマガジンや、BMWなどの情報サイト「クラブカーズ」にも取り上げていただき、非常に高い評価をいただいています（**図表24**）。

◆商流（調達構造・販売ルート）について

　オイルは、全世界から調達しています。オイルによっては希少性が高く、調達ルートが限られているものもありますが、ほとんどのオイルはルートが多岐にわたることから、調達に問題が生じることはありません。基本は自社独自での調達ですが、中には商社ルートのものもあります。価格や香

りは気候要因によって変わってきますが、総じてきわめて安定しています。ディフューザーも中国に製造パートナーを設け、技術指導も行っていますので、安定した納入が可能です。

　販売については、私自身が営業を行うとともに代理店を活用して販売先を開拓しています。すでに大手ホテルチェーン、商業施設、銀行、医療関係、カーショールームなどに導入実績があります。在庫に関しては、ある程度の在庫は備えていますが、基本的に受注ベースでの発注となることから、オイルについては、これまでの実績を踏まえて必要在庫量を予測し劣化に至らない3か月程度の在庫を保管しています。ディフューザーも在庫は最低限に抑え、受注ベースを基本に中国の工場で生産しています。現在、100台程度までなら1か月で納入可能です。

◆フェアトレードへの実現に向けた仕入施策とは

　常識的に考えれば、確かに多様な生産者から直接仕入れるのは難しいと思われるかもしれませんが、ITの進化がそれを可能にしています。具体的には、LINEやスカイプなどを活用することで、生産者と動画によるコミュニケーションを随時図っています。動画であれば、現地の状況が大体わかるので、直接現地に行かなくてもビジネスは成立します。もちろん、中にはクオリティの悪いもの（混ぜ物をした劣悪品）もあるので、今はガスクロマトグラフィー分析（成分分析）をシンガポールの会社に依頼しています。契約に当たっては、その分析結果を前提に取引する旨を明記することで、リスクを極力軽減しています。こうした仕組みによって、商社を通すことなく安心して直接仕入れることが可能になり、かつ生産者に対するプロフィットシェアも実現できていると考えています。

◆ソフト（オイル）の他社調達リスクは？

　他社は自社製品しか利用できないように、ボトルとの接合口を自前のボトルでしか接合できない仕組みにしています。実は、それが消音化対策に有効なボトル（容器）とエアポンプの一体化に踏みきれないネックになっ

ていると考えられます。こうした点でも、弊社は消費者サイドに立った開発を優先しており、消音化対策だけでなく、あらゆる面から利便性と安全性を追求しています。当然、他社オイルへの転換リスクは増しますが、たとえば業務用の契約の際、空間デザイン費という名目で1年分のオイルを購入いただくことで、リスク軽減を図っています。性能保証はもちろんですが、優れた商品であることをご理解いただければ、1年分のオイル購入も納得していただけると考えています。

また、車用も差込部分の棒を特殊加工した木材にし、詰め替え用にもこの棒をセットにして販売しています。木は時間と共に吸引力が低下するので、香りの広がりにも影響を与えます。つまり、棒も一緒に取り替えていただくことで、他社のオイルに詰め替えるといったリスクを回避できるというわけです。

(2) 事業性評価で陥りやすい5つの傾向

さて、どのような検討結果になるでしょうか。

解答例を提示する前に、これまで筆者がこうしたテーマの研修を通じて気づいた、つまり評価において陥りやすい傾向を5つ紹介したいと思います。

〈その1〉表層的な事実に基づき評価に落とし込む傾向が強い

一言で言えば分析が浅いということです。事実関係だけを捉えて評価に落とし込んでしまい、単視眼的、短絡的に結論付けてしまう傾向が見られます。たとえば、この事例のケースでよく見られるのが、顧客のコストが他社と比べて割高になるという指摘です。本当に割高になるのでしょうか。

X社の場合、確かに単価ベースのオイル価格は他社に比べて高額ですが、効率性という点では他社比1/2〜1/3の消費量に抑えることができます。つまり、総合的に考えれば、コストは割高でなく割安にな

ると考えられます。

　また、社長から「市場規模は50億円程度に広がる可能性がある」とのコメントがありました。この数字についても、自分なりに検証する必要があります。その際、以下のフェルミ推定を使って検証するのが効果的です。

　フェルミ推定（Fermi estimate）とは、実際に調査するのが難しいようなとらえどころのない量を、いくつかの手掛かりを元に論理的に推論し、短時間で概算する手法のことです。名前は、物理学者のエンリコ・フェルミに由来します。

　有名な事例に、「アメリカのシカゴには何人のピアノ調律師がいるか?」を推定するものがありますが、これはフェルミ氏がシカゴ大学の学生に対して出題したとされている問題です。この問題に対して、たとえば次のように概算することができます。

　まず、以下のデータを仮定値としておきます。

1. シカゴの人口を300万人とする
2. シカゴでは、1世帯あたりの人数が平均3人程度とする
3. 10世帯に1台の割合でピアノを保有している世帯があるとする
4. ピアノ1台の調律は平均して1年に1回行うとする
5. 調律師が1日に調律するピアノの台数は3つとする
6. 週休二日とし、調律師は年間に約250日働くとする

　そして、これらの仮定を元に次のように推論づけてきます。

1. シカゴの世帯数は、（300万/3）＝100万世帯程度
2. シカゴでのピアノの総数は、（100万/10）＝10万台程度
3. ピアノの調律は、年間に10万件程度行われる
4. それに対して、一人のピアノ調律師は1年間に250×3＝750台程度を調律する
5. よって調律師の人数は、10万/750＝130人程度と推定される。

これを今回のケースにあてはめると、以下の仮説を立てることができます。
1. 全国の事業所数は、約6百万である。
2. 将来的に事業所の1％にディフューザーが導入されるとする。
3. 導入事業所の導入コストは、逆算すると50億円／6百万＝約8万円。
4. オイルの消費コストは月1万円とした場合、年間12万円（12万円＞8万円）。
5. 1～4を前提とした場合においても、50億円という市場規模は過小であり、ハードの導入コストも加味すれば、100億円を超える可能性も否定できない。

このように、50億円を漠然とした数字と捉えるのではなく、根拠をある程度推定することで、数字の妥当性を図ることができるのです。

〈その2〉経験値に基づく可能性、リスクへの見解に展開ができていない

こうした展開ができないのは、客観的に事実を捉えるだけで、主体的に捉えることができていないからです。このケースでも、たとえ皆さんのエッセンシャルオイルに対する見識が低くても、これまでの営業経験の中でイメージを膨らませれば、「○○関係の企業に展開できるのではないか」「今の取引先の中に話を持ち込める会社がありそうだ」といった、具体的なアイデアが出てくるはずです。残念ながら、意外と常識的というか創造力に欠けるというか、通り一遍の結論にしか落とし込めていないケースが多くみられます。

〈その3〉評論家的思考が強く、ネガティブ目線が先行してしまっている

審査的な目線になりがちで、コンサバティブな結論にもっていこうとしている傾向が非常に強いということです。逆に言えば、ポジティ

ブに捉えた見方があまり見られません。

このケースで言えば、「先行する2社が市場を二分していることから、参入余地は少ない」「天候リスクが高い」「中国生産をしていることから為替リスクが高い」といった評価です。確かに、現状は先行する2社に市場は二分されていますが、X社製品の機能面、効率性、価格面、安全性等から判断すれば、後発であることが逆に優位に働く可能性の方が高いと考えられないでしょうか。

既に導入している会社が800社に上っていることからも、その評価の高さは見て取れます。また、大型の設備投資を必要とするビジネスモデルではないので、2社が導入している企業に対して、オセロ式にひっくり返す可能性も十分考えられます。

天候リスク、為替リスクに関しては、そもそもどのような企業でも存在するリスクです。もちろんエッセンシャルオイルの原料の調達先がある程度偏っていれば別ですが、全世界から納入しているのであれば、世界的な天候不順が起きない限りリスクと捉えるのは考えすぎです。

〈その4〉評価のフレームワークを組み合わせたポイント整理ができていない

折角色々なフレームワークを活用しているに、有機的なポイント整理ができていないため、結論付けが曖昧になっている。あるいは、単なる作業になってしまっているため、本来求められる「so what?(それで、どうなんだ?)」にまで導かれていないということです。

つまり、フレームワークに落とし込んだだけで満足してしまい、自分の意見がないまま結論付けているということです。これでは、折角時間をかけて分析をした意味がありません。

〈その5〉マーケット視点がなく企業視点に留まっている

企業の商品・サービス機能に目が行き過ぎ、市場がその商品・サー

第4章 ソリューション営業のための実践的アプローチ

ビスをどう捉えるかという視点に欠けているケースが多く見受けられます。このケースの場合、天然オイルの香りを単に心地良い香りと捉えるのではなく、戦略的に活用する事例(高級感の演出による他社との差別化、滞在時間の長期化による消費向上、オフィスにおける業務効率の向上、認知症予防、感染症予防など医療的効果への期待、消臭対策など)につなげて考えるべきです。そういう視点で考えると、市場環境が大きく変化する可能性はきわめて高く、潜在的な市場は充分にあるという結論になります。

また、既存商品への不満感が残っていることから、そうした不満を排除することで市場のニーズを捉えるチャンスもありますし、コスト面がネックとなり導入見送りが見られることから、低価格化の実現により導入機会が広がることも期待できます。

このように市場ニーズから見て、「X社の製品がどうなのか」というマーケット視点を置き去りにしたケースがよく見られます。

ところで、皆さんはすでにお気づきかもしれませんが、このケースにおける経営者ヒアリングが非常に整理された上で、ポイントを絞り込んで行われていることに気づかれたでしょうか。

具体的なポイントをあげると、①設立経緯—ビジョンの確認、②製品の特長、③市場動向、④戦略と戦術、⑤商流、⑥リスクの6点です。今後、ヒアリングを実施するうえで、是非参考にしていただきたいと思います。

なお、ヒアリング内容には、HPや他社の情報を参考に他社比較表や製品情報などを織り込んでいますが、評価に際しての基本材料としてこれらを整備していくことも重要になります。

(3) 効果的なフレームワークと分析結果

ここからは、このヒアリングを踏まえ、いくつかの効果的なフレー

ムワークを紹介しながら、分析結果を解説していきたいと思います。そのためには、理想的な事業性評価とは、「事業継続性の判断、課題のあぶり出し、企業の方向付け」を行うためのたたき台であるということ、そして下記の観点から分析を行うことが重要だということを理解しておいてください。

1. 企業を取り巻く環境（マクロ、ミクロ）はどうなのか──外部要因（PEST分析、5FORCE分析）
2. X社のポジショニングはどうなのか──外部・内部要因（3C分析、SWOT分析）
3. 事業の目的・戦略に妥当性があるか（4S検証）
4. 事業の正しい戦略を検証する（クロスSWOT分析、ABCD分析（アンゾフの成長マトリックス分析））
5. 事業の戦術は正しい戦略に則ったものになっているか（4P分析）

もちろん、業種によっては他にも活用すべきフレームワークは多様に存在します。したがって、この5点に限定するのではなく、あくまでも参考例と考えてください。

また、3.の「4S検証」という言葉は、ほとんどの方がはじめて聞く言葉だと思います。実は、この言葉はユニバーサル・スタジオ・ジャパンの経営母体である㈱ユー・エス・ジェイのCMO森岡毅氏の著書『USJを劇的に変えたたった一つの考え方』に、戦略の良し悪しを図るモノサシとして紹介されている言葉です。これは、特にベンチャー企業の事業性判断において有効だと考え、今回記載させていただきました。

/ 解　説

1．企業を取り巻く環境分析
〈その1〉市場環境分析（PEST分析：マクロ環境分析）

　企業を取り巻くマクロ環境について、政治的環境（Political）、経済的環境（Economic）、社会的環境（Sociological）、技術的環境（Technological）の4つの側面から分析を行うものです（図表25）。

図表25　マクロ環境分析における4つの側面

政治的環境 （political）	特に法律的な規制はない。オイルの成分表示の厳格化が行われたとしてもガスマトクログラフィー分析にて天然香料100％の製品を厳選していることから影響はない。
経済的環境 （economic）	贅沢品としての位置づけから景気状況が大幅に悪化した場合、導入を見合わせる可能性は否定できない。リース契約によるコストの平準化、契約期間の設定による導入継続、または消費者への差別化観点から影響を軽微にとどめることは可能かと思われる。
社会的環境 （sociological）	女性の社会進出が更に進むことが予想される中、商業施設のみならず職場環境改善の観点から更に導入が進む可能性がある。また、高齢化社会の中で、認知症の予防効果など、エッセンシャルオイルの効能が高く評価されれば、医療関係機関を中心に導入が広がる可能性もある。
技術的環境 （tecnological）	新たな技術開発の可能性はあるものの、競合他社については豪州企業の技術を模倣し10数年技術革新が行えていないことから、独自の技術開発能力を有しているとは考えにくい。現状のサイクロン技術とそれに改良を加えた小型化、消音化、効率化の技術を超える開発は、ニッチマーケットである限りにおいては想定しにくい。カーディフューザーにおいても、非常にシンプルかつ改良を加えた構造設計になっているし、特許出願も行っていることから、これを超える性能と価格優位性を持った製品は想定しにくい。

【評価コメント】

　マクロ的視点から見ると、社会的環境面において、有望な市場として捉えられる可能性がある。すべての環境要因から見てもリスクは限定的であり、市場環境は良好と判断される。

〈その2〉市場環境分析（5FORCE分析：ミクロ環境分析）

これは、企業の直接的に関連するミクロ環境について、5つの競争要因から業界構造を分析するフレームワークです（図表26）。

図表26　ミクロ環境分析における5つの競争要因

5F	競合	コメント
新規参入者	想定しにくい	業務用エッセンシャルオイル市場は、現状20億円程度と想定される。社長のコメントによると、今後見込まれる拡大規模はせいぜい50億円程度となっている。市場規模が100億円を上回ると異業種による参入リスクが高まるが、50億円程度であれば新たなディフューザーの開発による参入は想定しにくい。
代替品	フレグランスオイル事業者	香りマーケティングにおいては、フレグランスからエッセンシャルへの志向の変化が見られる中で、新たに人工香料による画期的開発（エッセンシャルに類似）が行われる可能性はゼロではないが、効能面における優位性を求める動きが強い中でその可能性は低い。ただし、全世界的な天候不順により天然香料の価格が高騰した場合、フレグランスオイルへの回帰も想定される。
売り手	想定しにくい	オイルの売り手は海外の農場事業者が中心で、流通はほとんど商社が握っている。希少性のあるオイルについては商社の価格コントロール力が高まる可能性はあるが、通常は多様な仕入れルートを有していることから、需給バランスは保たれており売り手優位の状況にはない。また、当社は直接仕入れをベースとしていることから、価格決定力は他社に対して高いと思われる。
買い手	EC事業者、大口ユーザー	大量需要事業者、消費者へのマスマーケティングを手掛けるECサイト（アマゾン、楽天など）については、マージン設定が高いため、価格交渉力では優位に立つ。そのような中、直販ルートの確保が課題となる。
競合他社	A社（リーダー）	規模的には業務用エッセンシャルオイル・機器のリーダー。10数年の販売実績をベースとした販売先と販売ネットワークを持っている。
	B社（チャレンジャー）	A社の後発ながら、販売エリアを中部圏に絞り、主に医療関連機関に注力することで競争回避を図っている。
	C社（リーダー）	フレグランスオイルに特化し、パチンコホールを主体に展開。フレグランスオイルのナノ化技術を有している。

【評価コメント】

- 弱点として、マスマーケターや大口需要者などの買い手との価格決定力で劣後する面を指摘することができる。
- ただし、業務用ディフューザーについては、BtoBが主体であり、X社のビジネスモデルにかんがみれば、大きな影響は受けないと思われる。
- 競合他社（先行企業）は高い販売実績と販売力を有しているため、販路を拡大させるには差別化戦略が不可避である。
- Xは製品において圧倒的な差別化戦略をとっているので、新規開拓先だけでなく先行企業のマーケットからの入れ替え需要も視野に入れることができる。販売戦略を間違えなければ、後発ながら圧倒できる可能性を有している。

2. ポジショニング分析

〈その１〉3C分析（内部・外部要因による統合分析）：業務用ディフューザー

3Cとは、自社（Company）、顧客（Customer）、競合（Competitor）のことで、この3つの切り口から業界環境を分析するフレームワークが3C分析です（図表27、図表28）。

図表27　3C分析（業務用ディフューザー）

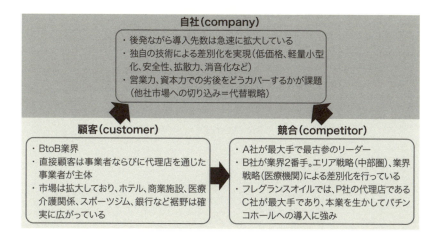

【評価コメント】
　市場は拡大傾向にある。Ｘ社の技術力は他社比優位性が高く、潜在市場のみならず、既存市場での代替需要へのアプローチも十分可能性がある。その際、人、物、金のリソースを拡充することが課題。

図表28　3C分析（車用ディフューザー）

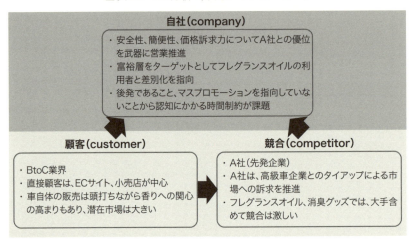

【評価コメント】
　潜在市場は大きい。Ｘ社の製品はＡ社製品に比べ多くの点で優れており、またフレグランスオイル利用者との差別化（富裕層をターゲット）を図ることで勝算は見込める。認知度を高めることが不可欠となることから、アクセスポイントを十分選別した戦術が必須。

〈その2〉SWOT分析（内部・外部要因による統合分析）
　これは、内部環境である自社の強み（Strength）、弱み（Weakness）、外部環境である機会（Opportunity）、脅威（Threat）の4つの項目から分析を行うフレームワークです（**図表29**）。

図表29　SWOT分析における4つの項目

強み（strength）
- 業務用は唯一エッセンシャルオイルでのナノ化を実現し、低価格性、効率性、軽量性、コンパクト性、快適性において優位
- 車用は簡便性、安全性、快適性（対フレグランス）において優位
- 車用はターゲットを明確に絞り込み
- オイルの直接仕入・品質管理体制

弱み（weakness）
- 業歴が浅い（信用力）
- 財務力が弱い（資本力、収益力）
- 営業力が弱い（人員体制）

機会（opportunity）
- 香りに対する市場ニーズが高まっており潜在需要は大きい
- 消臭ニーズから心地よい香り（本物志向）を求める動きへ。また香りを活用した差別化戦略、天然香料の効能に関心が高まってきている
- 車用については、既存製品に不満を持つ顧客層が存在

脅威（threat）
- 世界的天候不順によるエッセンシャルオイルの入手困難、価格高騰
- 他社による先進的技術の導入
- 消費者志向の変化

【評価コメント】

　今後、市場が拡大する可能性は高く、X社の強みをうまく生かせば成長できる余地は十分にある。しかも多額の設備投資を必要とするビジネスモデルではないので、相対的に損益分岐点は低く、収益性を確保できる可能性は高い。ただし、経営資本が脆弱なので、機を捉えた経営資本整備が必要となる。また、販売体制についても、代理店制の導入も含めて早急に構築する必要がある。

〈その3〉二次元分析（例：価格と快適性）

　そのほか、ポジショニング分析においては、二次元分析も有効です。これは、2次元軸によりポジショニングを明確にし、X社（製品）の優位性を視覚化するフレームワークです。たとえば、価格と快適性という2軸で各社をプロットすると**図表30**のようになります。

図表30　二次元分析の概念図

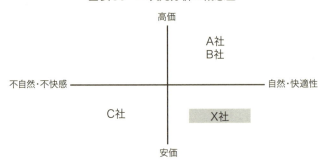

3. 事業の目的・戦略の妥当性検証（4S検証）

4S検証は、戦略の良し悪しを判断するために4つのS（Selective（戦略的か）、Sufficient（十分か）、Sustainable（継続可能か）、Synchronized（自社の特長と整合性がとれているか））をもとに分析するフレームワークです（図表31）。

図表31　4S検証における4つの視点

4S		評価
ビジョン	創業のきっかけとなった「フェアトレードの実現」という社会的意義は高く、その実現に向けて商社を介さず、直接取引を実践。また、ビジョンに「エッセンシャルオイルの力を活かし、あらゆる空間をもっと気持ちよく」とあるとおり、幅広い分野での空間設計を標榜している。事業の基本的姿勢も、利益追求型ではなく消費者視点に立ったサービスを志向している。	◎
セレクティブ（選択的か）	エッセンシャルオイルに特化している。また、潜在市場が見込める業務用、車用に絞り込んでおり、他社製品との差別化も十分可能。	◎
サフィシェント（十分か）	経営資源として十分とは言えないが、事業開発と性能維持のための最低限の仕組みは確保（開発、調達、営業：社長、オイル調合、実務サポート2名）。ただし、今後の業務拡大に際しては販売ルートの確保が重要であり、人材、資金面での拡充は必須。	△
サステイナブル（継続可能か）	潜在的市場は大きいと推測され、利用者インサイト（※）へのアプローチ次第で加速度的に需要が拡大する可能性がある。また、ニッチマーケットであり、過去の状況からも新規参入の壁は意外に高く（開発力）、当社の差別化製品での競争優位性の維持は可能。	◎
シンクロナイズド（自社特長との整合性）	当社製品の強みを生かせるニッチな市場であり、自社開発による製品へのフレキシビリティ（他社は海外製品の模造品であり、開発の柔軟性に難あり）も強みと言える。	◎

※導入効果に訴えるマインド・オープニング・インサイト、感情に訴えるハート・オープニング・インサイト

【評価コメント】
　ビジョンに基づく事業の正当性ならびに4Sにおける戦略の妥当性が認められる。ただし、経営資源における課題が残されているので、今後事業の拡大を標榜する上で、この点を拡充するための戦術を具体的に示す必要がある。

　なお、皆さんの中にも「戦略」と「戦術」を混同している方がいるかもしれないので、ここで定義を明確にしておきたいと思います。
　まず、戦略ですが、前述した『USJを劇的に変えたたった一つの考え方』では、「目的を達成するために資源（リソース）を配分する「選択」のこと」と定義しています。ここでいう目的とは「達成したいこと」、ビジョンと言ってもいいと思います。また、資源は、企業が有する人材、資金、物的資源、技術、時間、知財、情報等のことです。
　以上から、「戦略」とは、ビジョンを達成するために、「現在および将来有する資源を活用して、誰に対して（WHO）、何を（WHAT）配分するか」ということになります。これをX社にあてはめると、「フェアトレードを実現するために、企業に対してエッセンシャルオイルを活用した快適な空間設計を行うこと」が戦略になります。
　これに対して「戦術」は、その戦略を実行するためにどのような行動をとるのか（HOW）という、具体的なプランニングに当たります。たとえば、X社の業務用ディフューザーであれば、「香りが有効と考える企業に対して、エッセンシャルオイルおよびX社製品の優位性を代理店を介して訴求することで、効率的に導入の機会を創出する」というのが戦術です。

4．事業の正しい戦略を考える─現状戦略との整合性判断
〈その1〉クロスSWOT分析
　これは、SWOT分析の発展形で、強み、弱みと機会、脅威をクロスさせて、そのセルごとに戦略の方向性を考えるフレームワークです（図表32）。

図表32　クロスSWOT分析による評価

	強み (strength) ・業務用は唯一エッセンシャルオイルでのナノ化を実現し、低価格性、効率性、軽量性、コンパクト性、快適性において優位 ・車用は簡便性、安全性、快適性（対フレグランス）において優位 ・車用はターゲットを明確に絞り込み ・オイルの直接仕入・品質管理体制	弱み (weakness) ・業歴が浅い（信用力） ・財務力が弱い（資本力、収益力） ・営業力が弱い（人員体制）
機会 (opportunity) ・香りに対する市場ニーズが高まっており潜在需要は大きい ・消臭ニーズから心地よい香り（本物志向）を求める動きへ。また香りを活用した差別化戦略、天然香料の効能に関心が高まってきている ・車用については、既存製品に不満を持つ顧客層が存在	・業務用は、新規市場の開拓と、既存市場に対する戦略（フレグランス⇒エッセンシャル、競合他社商品からの切り替え）の推進 ・車用は、価格志向の消費者ではなく、差別化志向の消費者（主に富裕層）をターゲットにアクセスポイントの拡充を図る戦略	・オイルは商社ルートを使わず、直接仕入れによるコスト低減戦略 ・販売は価格面では不利ながら固定費を膨らませない代理店活用戦略 ・販売優先ではなく、トライアル使用を認めることで信用力をカバーする戦略
脅威 (threat) ・世界的天候不順によるエッセンシャルオイルの入手困難、価格高騰 ・他社による先進的技術の導入 ・消費者志向の変化	・オイルの納入ルートの拡充とSNSを活用したモニタリング体制の導入戦略 ・顧客ニーズに合わせた調合技術の差別化による満足度最大化（御用聞き）戦略 ・空間設計における音、景観との融合による総合的空間プロデュース戦略（連携）	・消費者目線を意識したソリューション戦略（ソフト化戦略） ⇒提案型営業の実践、代理店の差別化教育

　前述した3.の「4S検証」までは、客観的事実をベースにそれぞれの枠組みに落とし込むことで分析することが可能でしたが、クロスSWOT分析の場合は、SWOT分析で明らかになった客観的分析を踏まえて、どういった戦略が考えられるのかを、担当者として提示することが求められます。つまり、クロスSWOT分析は事業性評価からソリューション提案につなげ

第4章 ソリューション営業のための実践的アプローチ

る肝となるもので、この分析の良し悪しによって担当者の力量がわかるといっても過言ではないのです。

ちなみに筆者がこれまでに実施した研修におけるフレームワーク分析において、「これは！」と誰もがハッとするアイデアを出した受講者は残念ながらほとんどいませんでした。

今回のケースでは、強みを生かして機会を捉える「強みの強化戦略」として、既存市場戦略の推進が提案されています。また、強みを生かして脅威をカバーする「脅威への対処戦略」として、空間設計における音、景観との融合による総合的空間プロデュース戦略が提案されています。実は、これらはＸ社が想定していなかった戦略で、筆者がＸ社に提案したものです。Ｘ社は、この提案をもとに具体的な戦術を立て、すでに実践に移しています。

ちなみに、右上は弱みを克服していかに機会を捉えるかという「弱みの補完戦略」、右下は弱みを克服して脅威にどのように対抗するかという「撤退も含めた防御戦略」と位置づけることができます。

【評価コメント】
・機会を活かした強み、弱みに対する戦略は概ね実践できている。しかし、Ｘ社製品の優位性にかんがみれば、他社が先行する既存市場の掘り起し、あるいは代替需要も十分期待できるので、これを戦略に加えればより事業継続性は高められると考える。
・脅威に対する強みによる克服戦略としては、できる限り顧客の意向を汲みとった商品（調合オイル）の提供が考えられる。また、既存の顧客意向に基づいた空間設計にとどまることなく、5感に訴える空間プロデュース企業として、他社と連携した取り組みを行うことも必要ではないか。
・脅威に対する弱みの克服戦略としては、企業の信用力をカバーするために、積極的な提案型営業を実施する必要がある。同様に代理店に対しても、そうした営業スタイルの実践に向け指導教育を徹底する必要があると思われる。

〈その2〉ABCD分析（アンゾフの成長マトリックス分析：商品戦略分析）

これもクロスSWOT分析同様に、戦略を考える上で非常に有効なフレームワークです。顧客の戦略と摺合せてみることで、戦略の妥当性の検証、新たな戦略構築の手がかりを得ることができます（図表33）。

図表33　ABCD分析による評価

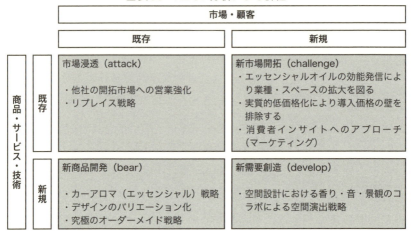

【評価コメント】
- 既存商品については、着実に市場開拓を実施しているが、①既存市場における強みを生かした他社製品からのリプレイス、②ランニングコストの低減を武器にした裾野の拡大（導入に対する価格抵抗ラインの引き下げ）、③消費者心理をくすぐるマーケティング手法（メッセージ）の実践によって、事業を拡大できる余地が十分あると思われる。
- 新商品については、すでにカーアロマへの展開を始めているが、業務用ディフューザーも含めて商品ラインナップが限定されている。今後は、顧客のニーズを的確に捉えたデザインの見直しやコストコントロールの可能な範囲で、オーダーメイド戦略を立てることも必要になってこよう。
- 新需要の創造という観点では、空間のトータルプロデュースとして香りだけでなく、音響、視覚面を組み込んだ疑似空間の設計など、他社との連携も踏まえた戦略的対応が需要拡大に繋がっていく可能性もある。

5. 事業の戦術は正しい戦略に沿ったものか（4P分析）

これは、戦略の打ち手としてどのようなものがあるのか、選択肢を洗い出す際に用いられる代表的なフレームワークで、製品、価格、流通、プロモーションの4つの視点から戦略とアプローチを導き出します（図表34）。

図表34　4P分析による評価

視点	製品 (PRODUCT)	価格 (PRICE)	流通 (PLACE)	プロモーション (PROMOTION)
戦略	他社を凌駕する快適空間の提供（効率・軽量・コンパクト・快適性）	業務用：価格優位性 車用：富裕層ターゲット	仕入：フェアトレード 販売：効率性重視	業務用：トライアル使用 ・リプレイス、差別化戦略先によるアプローチ 車用：口コミ、ネット活用
アプローチ	・他社比大幅な軽量化製品 ・他社比コンパクトな設計 ・独自技術（ナノ化等）による広範囲・長時間の効果持続設計 ・オイルは100％天然香料 ・カーディヒューザーはシンプルながらすべての車に適応 ・装着性・安全性・快適性に配慮 ・洗練されたパッケージデザイン	業務用 ・導入価格（ハード）、オイルの効率性を勘案したランニングコスト（ソフト）のいずれも低価格を実現 車用 ・富裕層をターゲットとしてあえて高めの設定（ただし、エッセンシャルオイルについては、他社に対する価格優位性を確保）	仕入：直接納品 販売：業務用は代理店主体 車用は富裕層が利用する施設等にターゲットを設定、アマゾンによるネット経由でのアプローチ	業務用：営業先に対してまずは使っていただく（サービス優先） ・香りによる差別化が期待できる先への営業推進 車用：ゴルフ場など富裕層の利用する施設に重点営業 アマゾンによるECサイトの活用

【評価コメント】

・4Pにおいてそれぞれの明確な戦略が定義されており、戦略に沿ったアプローチを展開している。

・ただし、全体を俯瞰するとプロモーションにおける推進体制がまだ不十分であると思われる。

・人的、資本的な体制整備が課題と思われる。

(4) 事業性評価の締めくくり

　上記のフレームワークを活用した分析結果を踏まえて、いよいよ「総合的にどのように判断、評価するか」という事業性評価の取りまとめに入ります。まずは、総合評価のコメントですが、ポイントは「客観的事実を踏まえた自分なりの意見をもとに評価を行っているか」「どういった課題があるか」「どのように対処すべきか」といったコメントが付されているかどうかです。当然、すべてが入っていれば100点満点です。

【総合評価コメント】

・X社の展開する市場環境はきわめて高い潜在需要を有しており、環境面でのリスクは限定的である。
・X社の潜在市場は、製品の優位性を武器とした既存市場におけるリプレイス需要に加え、これまで価格面における要因から抜け落ちていた市場も一部想定できるため、当初予想していた規模以上の市場拡大が見込める。
・上記については、X社の以下の強みが武器になると考えられる。
　ア　すでに他社を凌駕する機能性を実現している上、自社開発という技術開発のフレキシビリティを持っている（低価格、高効率、利便性（小型、軽量）、消音化、オイル漏れ対策など）。
　イ　X社製品のナノ化噴霧技術は他社の製品に比べて拡散力が強く、均等噴霧と長時間浮遊を可能とする等、快適な空間設計力で抜きんでいる。
　ウ　これらを武器に多様な業界への導入実績があり、導入者数も先行企業に迫る勢いを示している。
・但し、ベンチャー企業としての域を抜け出ていないことから、営業力、資金力という点で課題が残っており、事業拡大路線を維持するためには、これらの体制整備は不可欠かと考えられる。
・しかし、経営者の当事業に対する思い、それに対する戦略、戦術は

明確かつ評価できるものであり、財務面においても、すでに利益確保のできる売上が達成できているなど、当面の事業維持に懸念が生じるものではなく、事業性は高く評価できる。
・尚、長期的な観点から見た場合、事業拡大に伴う体制整備が不十分であることは否めず、この点に関しては、引き続き留意をしつつ、必要に応じて資金面のみならず営業面、情報面での支援を図っていくことが肝要かと思料される。

そして、最後にこの事業性評価を踏まえて、ソリューションにどのように結びつけることができるのかを検討します。

ポイントは、以下の3点です（**図表35**）。

図表35　ソリューションに結びつける3つの視点

```
1. 売上拡大に伴う視点
     製造委託先への資金支援？        ⇒    運転資金
     仕入（在庫）資金増は？          ⇒    運転資金
     国内製造拠点の必要性は？        ⇒    設備資金
     在庫保管スペース増の必要性は？  ⇒    設備資金

2. 売上拡大に向けた視点
     人員の先行投資（営業要員等）は？  ⇒    運転資金
     プロモーションは？                ⇒    運転資金
     新規事業の開発は？                ⇒    補助金　運転資金

3. 売上拡大に向けた営業支援の視点
     自身の職場や取引先の紹介
     代理店候補先の紹介
```

この3つの視点から検討すると、以下のソリューションが考えられます。

① 売上の拡大が想定されることから、「中国の生産拠点における資金支援の必要性はないか」「売上増加に伴う仕入資金は必要ないのか」「機動的な販売を行うために国内生産拠点を検討する必要はないか」「在庫の増加に伴い保管スペースを確保するという

投資ニーズはないか」といった仮説から、資金ニーズを探ることが考えらえます。
② 売上を更に拡大させるために、「代理店経由による営業から直接営業職員が販売するといった積極的な販売戦略は考えられないか」「認知度を高め販売を加速させるために広告等によるプロモーションは考えられないか」「消臭ニーズに応える新商品の開発など、新規事業を展開するための投資は考えられないか」といった仮説から資金ニーズを探ることも考えられます。
③ 営業支援の観点からは、自身の金融機関や取引先への紹介、さらには代理店として有力と思われる候補先の開拓等、積極的に支援することによって、①や②に関連する資金ニーズやフィービジネスに繋げることが考えられます。また、自身の金融機関での導入による効果検証、取引先に対する宣伝効果の演出なども考えられると思います。

第2節 定量面からのアプローチ

1 財務データの分析

　財務データの分析からソリューションに繋げるには、どうすればいいのでしょうか。実は、財務データの数字だけを見ていても、なかなかソリューションには繋げることはできません。ここでは、筆者が銀行員時代に実践した方法について紹介したいと思います。

　1つは、時系列でみることです。まず、財務諸表に示されている数字や分析した数値に異常がないかをチェックしたり、同業他社の数字等と比較することで、当該企業の強み、弱み、問題点をあぶり出します。その上で、原因仮説を立てて、それを課題に繋げ、課題からソリューションを考えるという方法です。

　時系列にチェックするためには、少なくとも3期、できれば5期分の決算書を並べ、各勘定科目や分析比率の数字を眺めてみることです。そして、何か気になる数字の変化、整合性のとれない動きが見られれば、その原因を調査します。重要なのはここからで、原因が明確になった時点で終わりではありません。納得のいくまで原因を追究することがきわめて重要なのです。具体的な方法については、第3章の「問題解決力を高めるためのプロセスとは」で詳しく紹介しているので、そちらを参考にしてください。

　2つ目は、数字を鵜呑みにするのではなく、実態を正確に把握することです。特に資産項目については、実態とかけ離れた数字が隠れている可能性もあるので、少なくとも以下の点はチェックする必要があります。

(B／S勘定科目)
売　掛　金：売掛債権回転期間に大きな変動がないか
　　　　　　売掛債権回転期間と決済条件に整合性があるか
　　　　　　売掛金明細に固定した債権明細がないか
棚卸資産：棚卸資産回転期間に大きな変動がないか
　　　　　棚卸資産回転期間が棚卸資産の性格から判断して妥当な水準か
仮　払　金：仮払金の明細に経費認識するべきものがないか
固定資産：減価償却不足が生じていないか
貸　付　金：貸付金はどういった性格のものか、契約は存在するか、回収の目途はあるか
投　　　資：投資先の財務状況に問題はないか、時価会計がされているか
保　険　等：節税商品の性格はどういったものか、解約時の返戻金はどの程度か
退職給付：退職金の積立はどのようにされているか

(P／L勘定科目)
役員報酬：役員報酬は変動していないか、金額水準はどうか
地代家賃：経営者に支払われている地代家賃に変動がないか、金額水準はどうか
交際費　：交際費の水準は妥当と考えられるか、金額水準はどうか
租税公課：大きな変動はないか、未払となっているものはないか

　特に中小企業の場合、利益を出して多額の税金を支払うことを回避するために、多額の役員報酬の支払、地代家賃による調整、交際費による個人経費計上、節税商品の購入といったことが行われる場合があります。たとえ利益が出ていなくても、これらは利益の調整弁であると認識して、収益力の実態をきちんと確認する必要があります。

実態収益力＝表面上の利益＋経営者一族の受け取っている役員報酬＋
　　　　　　経営者に支払われている地代家賃＋過大に見積もられている交際費＋節税商品購入による損金計上額

さて、ここで皆さんに1つ質問します。

図表36の2社について、皆さんはどちらの会社が事業継続性という観点でより高い会社だと判断されるでしょうか。もちろん、あくまでも可能性の話であり、確実にそうなるということではありません。

図表36

	紳士靴販売会社	婦人靴販売会社
売上高	5億円	5億円
経常利益	2千万円	2千万円
棚卸資産	5千万円	5千万円

多くの方が、「何が違うんだ？」「特に差はないのではないか？」と思われたのではないでしょうか。しかし、良く考えてみてください。

紳士靴と婦人靴には鮮度の違いがあります。それは何かというと、紳士靴にはあまり流行り廃りはありませんが、婦人靴は鮮度の劣化が早いということです。たとえば、春先に店頭に並んだ婦人靴は、夏前にはバーゲン商品となって売価は70％程度に下がります。更に翌年には50％（ほぼ原価水準）、その翌年はアウトレット等で20〜30％で売られたりします。そして、最後は焼却処分されるか、露天販売業者に二束三文で売却されることになります。

一方、紳士靴は商品の劣化等がない限り、翌年も定価で売ることができるので、厳格に棚卸資産の計上を行っていないと仮定すれば、紳士靴販売会社のほうが、事業継続性という点で勝っているという判断ができます。このように表面上の数字だけでなく、その会社の取り扱っている商品がどの程度鮮度に左右されるかを判断しなければ、実態把握はできないのです。

このことは、先ほど列挙した勘定科目にも言えます。売掛金についても、売掛金の実態（どの時点で計上されている売掛金なのか、売掛金に回収不能、遅延のものがないか、売掛先に問題がないか、売掛先

とは安定した取引が見込まれるか等)をきちんとチェックすることで、将来の事業継続性を判断することができるのです。

2 事例解説

　ここからは、スーパー2社の事例をもとに、説明して行きたいと思います。第3章で取り上げた課題解決のプロセスに従って、「問題点の列挙⇒原因仮説を立てる⇒課題設定⇒ソリューション提案」に沿って説明していきます。

　具体的な財務データを使っているとはいえ、ここでお示しする提案までの過程は仮説に過ぎず、事実と異なる可能性があります。あくまでもソリューション提案に繋げる事例研究の題材として、2社の財務データを使っているということを、前もってお断りいたします。また、今回は財務データの関係から上場企業2社のデータを使っていますが、中小企業においても基本的な考え方は同じなので、確実に同様の効果が期待できます。

　なお、解答は後段に記載していますが、まずは自分で考えながら読み進めてください。

第4章 ソリューション営業のための実践的アプローチ

事例

　皆さんが担当するB社に対して、ソリューションの提案をすべく財務データを分析することになりました。分析に際して、同業態で営業エリア、売上規模等が比較的似かよった企業を捜したところ、A社が該当することがわかったので、A社を比較対象企業にB社の課題を抽出することにしました。

　下記のとおり、すでに必要な2期分の各社の財務3表と分析指標は用意されています。

　それでは、このデータを基に以下の手順で進めてください。
① 2社の損益計算書を比較して数字から見て取れる事実（問題点等）を列挙する。
② 列挙した事実（問題点等）からその原因の仮説を立てる。
③ 原因仮説に基づく課題を設定する。
④ 設定した課題を踏まえてソリューションを考える。

〈財務3表及び分析指標〉

損益計算書(P/L)　百万円

A社

	前々期	比率	前期	比率
売上高	310,634		327,406	
原価	223,317	71.9%	235,996	72.1%
売上粗利益	87,317	28.1%	91,410	27.9%
営業収入	14,807		15,654	
販売費一般管理費	88,274	28.4%	92,544	28.3%
人件費	40,034	12.9%	43,042	13.1%
販売促進費	2,626	0.8%	2,815	0.9%
配送費	6,449	2.1%	6,712	2.1%
地代家賃	9,640	3.1%	10,045	3.1%
減価償却費	5,612	1.8%	6,142	1.9%
営業利益	13,850	4.5%	14,520	4.4%
営業外収益	220	0.1%	218	0.1%
営業外費用	531	0.2%	524	0.2%
経常利益	13,539	4.4%	14,214	4.3%
特別利益	1,385	0.4%	2,249	0.7%
特別損失	1,367	0.4%	2,314	0.7%
税引前利益	13,557	4.4%	14,149	4.3%
ROA	9.5%		7.9%	

B社

	前々期	比率	前期	比率
売上高	248,571		249,132	
原価	178,642	71.9%	179,271	72.0%
売上粗利益	69,929	28.1%	69,861	28.0%
営業収入	8,814		8,996	
販売費一般管理費	75,422	30.3%	76,460	30.7%
人件費	32,684	13.1%	33,139	13.3%
販売促進費	4,136	1.7%	4,011	1.6%
配送費	6,286	2.5%	6,507	2.6%
地代家賃	11,546	4.6%	11,778	4.7%
減価償却費	3,773	1.5%	4,045	1.6%
営業利益	3,321	1.3%	2,397	1.0%
営業外収益	442	0.2%	377	0.2%
営業外費用	80	0.0%	120	0.0%
経常利益	3,683	1.5%	2,654	1.1%
特別利益	0	0.0%	490	0.2%
特別損失	1,326	0.5%	1,682	0.7%
税引前利益	2,357	0.9%	1,462	0.6%
ROA	3.7%		2.7%	

貸借対照表(B/S)　百万円
A社

	前々期	前期		前々期	前期
流動資産	20,400	40,137	流動負債	44,268	47,151
現預金	4,764	22,386	買掛金	19,261	20,209
売掛金	2,504	2,905	借入金	5,472	8,033
有価証券			その他	19,535	18,909
在庫	6,070	6,603			
その他	7,062	8,243			
			固定負債	30,139	56,629
有形固定資産	98,539	114,305	借入金	39,798	14,031
建物構築物	78,364	84,431	その他	16,108	16,831
減価償却累計	-30,585	-32,925	純資産	67,991	76,090
土地	35,798	38,822	資本金	4,199	4,199
その他	14,962	23,977	資本剰余金	4,361	4,573
無形固定資産	3,216	4,073	利益剰余金	66,440	74,516
投資その他の資産	20,243	21,355	その他	-7,009	-7,198
資産計	142,398	179,870	資産計	142,398	179,870

※前期　有形固定資産（その他）建設仮勘定　11,170
　　　　投資その他の資産：差入保証金　14,804　　投資有価証券　492

安全性比率	前々期	前期
自己資本比率	47.7%	42.3%
流動比率	46.1%	85.1%
有利子負債依存率	13.7%	26.6%

キャッシュフロー計算書（CF）　百万円
A社

	前々期	前期
期首現預金残高	6,754	4,704
営業CF	15,428	15,805
投資CF	-15,236	-23,267
財務CF	-2,242	25,083
現預金残高	4,704	22,325
キャッシュフローマージン	4.7%	4.6%

※1　キャッシュフローマージン　営業CF／売上高
※2　BSの現預金残高との相違は、3ヶ月以上の定期預金を含まず、短期有価証券を含むため

第4章 ソリューション営業のための実践的アプローチ

B社

	前々期	前期		前々期	前期
流動資産	31,282	32,786	流動負債	31,447	30,007
現預金	7,165	3,272	買掛金	16,752	16,379
売掛金	2,676	2,647	借入金	2,773	2,829
有価証券	5,399	10,199	その他	11,922	10,799
在庫	9,260	9,884			
その他	6,782	6,784			
			固定負債	15,982	15,142
有形固定資産	46,005	41,512	借入金	9,166	8,437
建物構築物	59,139	60,748	その他	6,816	6,705
減価償却累計	-42,441	-43,004	純資産	51,361	52,370
土地	20,643	18,739	資本金	8,981	8,981
その他	8,664	5,029	資本剰余金	13,598	13,598
無形固定資産	3,263	3,835	利益剰余金	32,529	32,489
投資その他の資産	18,240	19,386	その他	-3,747	-2,698
資産計	98,790	97,519	資産計	98,790	97,519

※前期　有形固定資産(その他)　建設仮勘定　122
　　　投資その他の資産：差入保証金　9,796　　投資有価証券　7,530

安全性比率	前々期	前期
自己資本比率	52.0%	53.7%
流動比率	99.5%	109.3%
有利子負債依存率	12.1%	11.6%

B社

	前々期	前期
期首現預金残高	13,970	12,065
営業ＣＦ	4,463	4,392
投資ＣＦ	-10,476	-965
財務ＣＦ	4,108	-2,020
現預金残高	12,065	13,472
キャッシュフローマージン	1.7%	1.7%

※1　キャッシュフローマージン　営業CF／売上高
※2　BSの現預金残高との相違は、3か月以上の定期預金を含まず、短期有価証券を含むため

各種指標

A社

	前々期	前期
人員数（人）	12,595	13,274
正社員	2,714	2,920
パート	9,881	10,354
平均勤続年数（年）	10.2	10.4
売り場面積（万㎡）	29	29

対売上高（ヶ月）	前々期	前期
在庫比率	0.23	0.24
売掛債権比率	0.10	0.11
買掛金比率	0.74	0.74
有形固定資産比率	3.81	4.19
現預金比率	0.18	0.82
交差比率※	14.39	13.84
売り場効率（千円/㎡）	1,071	1,129
売上高/従業員（千円）	24,663	24,665
営業利益/従業員（千円）	1,100	1,094
正社員比率	21.5%	22.0%

※　総利益率×在庫回転率

B社

	前々期	前期
人員数（人）	15,783	15,895
正社員	2,764	2,841
パート	13,019	13,054
平均勤続年数（年）	18.1	18.3
売り場面積（万㎡）	19.5	19.4

回転期間（ヶ月）	前々期	前期
在庫比率	0.45	0.48
売掛債権比率	0.13	0.13
買掛金比率	0.81	0.79
有形固定資産比率	2.22	2.00
現預金比率	0.35	0.16
交差比率※	7.55	7.07
売り場効率（千円/㎡）	1,275	1,284
売上高/従業員（千円）	15,749	15,674
営業利益/従業員（千円）	210	151
正社員比率	17.5%	17.9%

※　総利益率×在庫回転率

ソリューション営業のための実践的アプローチ

〈問題解決シート〉

損益計算書（P／L）から読み取れる事実（問題点等）

事実から考えられる仮説

貸借対照表（B／S）から読み取れる事実（問題点等）

事実から考えられる仮説

キャッシュフロー計算書（C／F）から読み取れる事実（問題点等）

事実から考えられる仮説

各種指標から読み取れる事実（問題点等）

事実から考えられる仮説

仮説原因に基づく課題の設定

課題に対応したソリューション提案

〈解答1〉
◆損益計算書（P/L）から読み取れる事実（問題点等）
　➢営業収入（不動産収入等）が少なく、地代家賃比率が高い
　➢販売促進費比率が高い
　➢配送費比率が高い
◆事実から考えられる仮説
　➢自社物件が少ない？　不動産の効率運用ができていない？　地代家賃が割高？
　➢ポイント、広告等の効果が薄い？
　➢配送効率が悪い？

〈解答2〉
◆貸借対照表（B/S）から読み取れる事実（問題点等）
　➢資産に対する売上比率が高い半面ROAは低い
　　総資産回転率　　　B社　255.4％　　　A社　182.0％
　　ROA　　　　　　　B社　　2.7％　　　A社　　7.9％
　➢安全性比率は総じて良好　対A社でも優位
　➢在庫水準が高い
　➢有価証券投資の割合が高い　　B社　18.2％　　A社　0.3％
　➢建物・構築物に対する
　　減価償却費の割合が高い　　　B社　70.8％　　A社　39.0％
　➢有形固定資産の保有割合が低い　B社　42.6％　　A社　63.5％
◆事実から考えられる仮説
　➢資産を効率よく活用しているものの、経費等の管理体制が不十分？
　➢成長戦略よりも安定性（安全性）を重視しすぎ？
　➢在庫管理が徹底できていない？
　➢本業にかかる不動産に投資を振り向けた方が効率的では？
　➢建物の老朽化が進行しているのでは？⇒店舗の効率的導線に支障は？
　➢積極的に投資を行うタイミングでは？

〈解答3〉
◆キャッシュフロー計算書（C/F）から読み取れる事実（問題点等）
　➢前々期は営業CFを上回る積極投資により借入を増加させているが、前期は投資を抑え借入の圧縮を図っている。
　➢一方でA社は、前々期は豊富な営業CFを投じて投資を行い、前期は更に投資を積極化させ、多額の資金調達も行い、手元流動性を厚くしている。
◆事実から考えられる仮説
　➢積極的な投資を行ったものの投資効果が見えず守りに入っていないか？
　➢A社は、この時期を飛躍のタイミングと捉えて積極攻勢に出てきているのではないか？

〈解答4〉
◆各種指標から読み取れる事実（問題点等）
　➢人員が多い。特にパートの比率が高い。
　➢勤続年数が長い。
　➢在庫回転期間が長い／交叉比率が低い。
　➢有形固定資産比率が低い。
　➢現預金比率が低い。
　➢売り場効率は高いが、従業員あたりの売上高、営業利益は低い。
◆事実から考えられる仮説
　➢パートの戦略化が実施できていないのではないか？
　➢マンネリ化していないか？　勘に頼る営業になっていないか？
　➢在庫管理が効率化できていないのでは？
　➢建物の老朽化が進行しているのでは？　設備投資が必要では？
　➢借入（あるいは有価証券の売却等）により手元流動性を高めるべきでは？
　➢バックヤードが過大で売り場の確保が不十分では？
　➢従業員の配置を見直すべき？　本部社員の割合が高いのでは？

〈解答5〉

仮説原因に基づく課題の設定	考えられるソリューション
➤固定資産 　①効率的なテナント等導入 　②地代家賃の減額交渉 　③新規投資／リニューアル投資	テナント事業者の斡旋⇒差入保証金融資 新規出店用地の斡旋⇒出店資金融資
➤効率化 　①配送効率の見直し	物流管理システム導入（斡旋）⇒導入資金融資
➤体制 　①在庫管理体制の見直し 　②人員配置、店舗設計、本部要員の見直し 　③パートの戦力化 　④販促手法の見直し（効果計測） 　⑤従業員の意識改革	在庫管理システム導入（斡旋）⇒導入資金融資 コンサルティング導入（斡旋）⇒フィー 教育研修（斡旋）　福利厚生充実（斡旋） コンサルティング導入（斡旋）⇒フィー
➤戦略 　①事業戦略の見直し 　②証券投資の見直し／精査 　③手元流動性の見直し	事業計画策定　Ｍ＆Ａ⇒フィー 資金化、投資商品の紹介⇒預金受入　フィー 融資（コミットメントライン設定）

　これは一例に過ぎませんが、このように数字を並べて比較検証することにより、対象企業の財務データだけでは気づかない事実を浮き彫りにすることができるのです。著者の知る限り、企業経営者がこうした観点から自社を分析しているという話はほとんど聞いたことがありません。したがって、金融機関がこのような分析結果と、それに基づく提案を持ち込めば、必ず喜ばれます。同時に、企業経営者に何らかの気づきや課題発見に繋がるインセンティブを与えることによって、皆さんに対する信頼感が一気に増すのです。

　ちなみに筆者は銀行時代にこうした提案を行うことで、経営者から色々な相談を受けました。それが、結果的に多様なソリューションに繋がっていったのです。もちろん時間的な制約があるので、すべての企業を対象にするのは現実的ではありません。まずは、戦略的に仕掛けたいと考えている1社を選び、そこから実践することをお勧めします。

第3節 定性面と定量面を踏まえたソリューションの提案事例

　ここでは、筆者が実際に行ったソリューションの事例を参考に、どのようなソリューションの提案ができるかを検討して行きたいと思います。
　Y社の概要は、下記の通りです。なお、業務内容、財務データは架空のものを使っています。

事例

定性面

〇Y社概要
・大正13年創業の老舗企業。
・業務内容は、リネンサプライ事業をベースとしたトータルクリーニングサービス事業を行っている。

〇具体的事業内容
・客室リネン、テーブルリネン、厨房リネン
・寝具類クリーニング、ユニフォームクリーニング、カーテンクリーニング
・寝具類・ベッド・ワードローブなどインテリアグッズ、テーブルウェアなどの販売・リース事業
・本社：東京23区内、昔ながらの住宅の密集するエリア
　工場：埼玉県郊外
・創業は東京都内の本社所在地だが、現在、本社工場は埼玉に移転しており、本社工場跡地は本社機能が残るのみとなっている（1階は倉庫として利用、2階を本社事務所として利用している）。ただし、本社事務所で働く社員は数名。
・主要顧客はJR、大手ホテルチェーン、官公庁などで安定した取引を行っている。ただし、業界内の競争は厳しく、新規開拓や不採算取引先との取引改善等に取組んでいるものの、大きな収益性の改善には繋がっていない。

第4章 ソリューション営業のための実践的アプローチ

あなたの金融機関はメインバンクながら、海外拠点を有する大手金融機関が海外展開を見据えた提案や、大手取引先の紹介など積極的にアプローチしてきている。そのため最近、社長から「今まではメインバンクとしてお付き合いをいただいてきたが、大手金融機関の対応を踏まえるとそろそろ見直しも含めて検討せざるを得ない」との厳しい発言を受けている。

一方で、社長は本社用地について「最近マンションデベロッパーからの敷地売却の提案を受けているが、ここは創業の地であり、思い入れもある。また、以前工場を稼働していた時、近隣の住民に騒音による迷惑をかけたので躊躇している。」とポツリと本音を訊くことができた。

定両面

○財務データ

百万円

	前々期		前期	
売上高	1,213	100.0%	1,201	100.0%
売上原価	261	21.5%	260	21.6%
うち減価償却費	65	5.4%	60	5.0%
売上粗利益	952	78.5%	941	78.4%
販売費及び一般管理費	898	74.0%	901	75.0%
うち減価償却費	5	0.4%	5	0.4%
営業利益	54	4.5%	40	3.3%
営業外利益	12	1.0%	5	0.4%
営業外損失	15	1.2%	15	1.2%
経常利益	51	4.2%	30	2.5%
特別利益		0.0%		0.0%
特別損失		0.0%		0.0%
税引前当期利益	51	4.2%	30	2.5%
法人税等	20	1.7%	12	1.0%
当期利益	31	2.5%	18	1.5%

	前々期	前期
営業活動によるキャッシュフロー	101	70
投資活動によるキャッシュフロー	−30	−25
フリーキャッシュフロー	71	45
財務活動によるキャッシュフロー	−75	−77
現金および現金同等物の増減額	−4	−32

※ 売上高は概ねこの水準でここ10年ほど推移している

百万円

		前々期	前期			前々期	前期
流動資産		400	378	流動負債		415	375
	現預金	195	163		買掛債権	80	75
	売掛債権	105	115		短期借入金	175	148
	棚卸資産	50	60		1年以内長期借入金	50	50
	その他流動資産	50	40		未払費用	30	30
					未払法人税	20	12
					その他流動負債	60	60
固定資産		1,240	1,200	固定負債		970	930
	建物・構築物	630	620		長期借入金	850	800
	機械装置	220	210		退職給付引当金	120	130
	車両運搬具	140	120	負債合計		1,385	1,305
	土地	230	230	株主資本		255	273
	無形固定資産	0	0		資本金	50	50
	投資有価証券	20	20		資本準備金	65	65
	その他の資産	0	0		利益剰余金	140	158
資産計		1,640	1,578	資産計		1,640	1,578

　この財務諸表から見えてくる事実は、おおよそ以下の点だと思います。

① 売上の減少による利益の大幅な減少

② 借入大　長期借入返済圧力による現預金の減少

③ 売上減少の一方で売掛金増加、棚卸資産の増加

④ 利益の蓄積の薄さ

これに対して、顧客にヒアリングを行い原因を確認したところ、以下の事実が確認されました。

① 取引先の一部取引解消による売上減（不採算取引の解消）

② オイル価格上昇による原価コストの上昇

③-1　15百万円の売掛債権の回収遅延

③-2　レンタル事業における品揃え拡大による棚卸資産の増加

④ 過去に大きな投資損失による赤字計上の実績

第4章 ソリューション営業のための実践的アプローチ

　さて、これらの状況を踏まえて、あなたならこの会社をどのように評価し、どのような取組を提案するでしょうか（図表37）。

図表37　提案シート

① 財務における問題点に対しての判断は？

② ①を踏まえて、定性的な状況を加味した場合、どのような提案が考えられますか？

〈解答例〉

　まず、財務から短期的な視点で検討すると、以下の結果を導き出すことができます。

① 　商流という観点から考えた場合、Y社は大手の優良取引先を抱えており、安定した取引を行っている。したがって、今後も売上は概ね安定した推移が見込まれる。

② 　原価については、原油価格の上昇によるものだが、過去のトレンド、米シェールオイルの動向を勘案すれば、急激な上昇があったとしても一時的であり、上昇基調が続くとは考えにくく、原価への影響は限定的と思われる。

③-1　売掛債権については、回収遅延となったのは15百万円で、万一回収困難となっても、Y社の利益に与えるインパクトは限定的である。

③-2　棚卸資産については、レンタル事業におけるニーズ多様化に向けた前向きな取組であり、またその規模も屋台骨を揺るがす投資規模ではない。

④ 　資本蓄積は十分ではないが、あくまでも過去の投資の失敗によるものであり、現状において足元の収益は確保されているので、問題と捉える程度のものではない。

　以上から、財務面において短期的に大きな懸念材料は見当たらない。

　一方、定性面も含めた長期的な視点から検討すると、以下の結果を導き出すことができる。

① 　コモディティー化したビジネスであり成長力は低く、新たな取組を行わない限りジリ貧となるリスクを抱えている。

② 　資産としては、本社の敷地が有効に活用されていない。これを活用することで、新たなビジネスに繋げることも可能である。

以上の結果から「当面の取引において問題はないものの、新たな取組による売上の向上施策を提案する必要がある」と考えられます。

　そこで重要になるのが、社長のコメントです。「最近マンションデベロッパーからの敷地売却の提案を受けているが、ここは創業の地であり、思い入れもある。また、以前工場を稼働していた時には、近隣の住民に騒音による迷惑をかけたので躊躇している。」という本音のコメントはきわめて重要なポイントといえます。

　具体的には、以下の推論を導き出すことができます。

① 本社の有効活用については、検討しなければならないという思いがある。

② 一方で、近隣住民に迷惑をかけたという贖罪の意識があり、何らかのかたちで恩返しができないものか悩んでいる。

③ Y社の創業は大正13年なので、すでに建物の償却は終わっており、土地の簿価もほぼゼロに近いと思われる。

④ 当該地は、東京23区内、昔ながらの住宅が密集するエリアにあることから、近隣には高齢者が多数居住していると考えられる。

　いよいよここからが本番です。これらの事実と推測を踏まえて、最大のソリューションに繋げなければいけません。まさに、それが皆さんの役目であり、与えられているミッションなのです。

　以下は、筆者が上記の事実関係を踏まえ、実際に提案を行い、それがソリューションに繋がった事例です。1つは介護施設、もう1つはスポーツジムという2つの選択肢を用意して提案しました（**図表38**）。

図表38　提案表

本社工場跡地有効活用提案

　貴社の工場跡地の有効活用策として介護施設　あるいは　スポーツジムの建設を提案いたします。

　なお、すでに提案を受けているマンション建設と比較した場合の効果は下記の通りとなります。

	恩返し	ビジネス機会	安定収益
マンション	×	×	○
介護施設	△	○	○
スポーツジム	○	◎	○

ポイント

　不動産の単純売却については、貴社の推定簿価からすると多額の税金が発生する可能性があり、貴社のキャッシュフローの継続的な改善、長期的最大化を図る上では得策とは考えられません。

　ついては、賃貸活用による安定収益の確保が望ましいと考えられます。

　その上で、上記の表の通り、貴社の抱える課題を踏まえた場合、介護施設、スポーツジムが適切ではないかと考えられますが、最大効果を考えた場合、下記観点からスポーツジムをご検討いただくことが最適解ではないかと思料いたします。

① 　近隣住民への恩返しという観点からは、高齢者の比率が高まっていると考えられる中で、健康維持という観点から、スポーツジムに対するニーズは高まってきており、また、共用スペースを設けることで、近隣の方々が気軽に立ち寄れる憩いの場として活用することが可能となります。

② 　スポーツジムにおいては、大量のタオル等が消費されることから、貴社の事業であるリネンサプライ事業とのシナジーも生まれるほか、運営会社が運営する他のスポーツジムへの展開も期待できます。

③ 　当該地は住宅密集地であり、スポーツジムを建設できる希少な物件であり、それ故に競合が参入するリスクも少なく、安定した賃料収入が期待できます。

この提案のポイントは、以下の4点になります。
① 不動産売却による一時的な利益は推定簿価からするとかなりの税金が発生することになり、継続保有による収益物件として活かすことを前提とするべきである。
② 周辺住民への恩返しという観点から利用価値を考えた場合、介護施設も考えられるが、よりスポーツジムの価値が上回ると考えられる。
③ スポーツジムの場合、リネン商品（タオルなど）を大量に扱うことから、本業ビジネスにも貢献する。
④ スポーツジムの場合、建物の建設だけでなく、内装工事、機器類等金融機関の取引先の斡旋にも繋がり、当社に限らない取引深耕が期待できる。

こうしたポイントを検討した結果、最終的にスポーツジムを建設することで決着しました。なお、Y社の財務状況を勘案し、建物のスケルトン部分はY社が建設し、それ以外の工事はスポーツジム運営会社が負担することで、建設費用も最低限にとどめるよう配慮しました。

こうしたソリューションの結果、どのような効果が現れたでしょうか（図表39）。

図表39　ソリューションの結果

ソリューションの結果
（当社）・500Mの投資によるスケルトンの建物建設　（差入保証金100M） 　　　　　（400Mの借入と差入保証金100Mにて調達） 　　　　・年間100Mの賃料収入計上　減価償却効果 　　　　・スポーツジムからのリネンビジネスの確保
（銀行）・400Mの新規融資 　　　　・斡旋したスポーツジムとの融資取引（差入保証金見合＋内装工事費） 　　　　・工事業者、空調等サブコンの紹介（取引の深耕） 　　　　・利用者に対するリバースモーゲージの紹介
（住民）・人の往来が活発になり夜間の安全面が向上 　　　　・地域住民のコミュニティセンター化（多くの近隣住民が会員登録）

　このように、Y社、社会、金融機関、さらにスポーツジム運営者の「4方よし」の結果を実現することができました。Y社にとっては最大の課題だった長期的な収益源の確保を実現することができましたし、金融機関にとってもメインバンクを維持するとともに、2社への融資という新たなビジネスにつなげることができたのです。

アイデア力が
ソリューション力を
左右する

1 ラテラルシンキングとロジカルシンキング

(1) ソリューション力を高める発想力とは

　最後に、ソリューション力を高めるための発想力の考え方、鍛え方について、紹介したいと思います。すでに皆さんもお気づきの通り、第4章で紹介したリネンサプライ事業者の例も、常識的な提案ではなく、相手の立場を踏まえ、何が最も適した提案なのかを考えぬいたことで、最適なソリューションに繋げることができたのです。ということは、発想力を鍛えればソリューション力が高まるかというと、そう簡単なことではありません。

　まずは、2つの思考法について学ぶ必要があります。1つは「ロジカルシンキング（論理的思考法）」で、もう1つが「ラテラルシンキング（横断的思考法）」です。前者は垂直思考、後者は水平思考と呼ばれており、ロジカルシンキングは深く掘り下げて物事を分析し整理していく思考法です。一方、ラテラルシンキングはあらゆる制約を考慮することなく思考を広げることで物事の本質を捉えていく思考法です。

　たとえば、融資の判断を行うといった「与えられた状況」を踏まえ

図表40　ロジカルシンキングとラテラルシンキングの特徴

	ロジカルシンキング	ラテラルシンキング
目的	筋道を立てて論理的に解答を導き出す。	思考の幅を広げる。
思考の方向性	垂直思考。1つの考え方を深く掘り下げる。物事を分析、整理する。具体化を考える。	水平思考。考え方の可能性を広げる。物事の要素を集める。本質を考える。
解答	基本的には1つ。	唯一の正解はなく、たくさんの解答がある。
考え方	常識的・経験的に発想する。論理を重視する。既存の枠組み組みに当てはめる。	自由奔放に発想する。直感を大切にする。枠に囚われない。

木村尚義著「ずるい考え方」より

て結論に導く場合、つまりいくつかの事象（定性的、定量的）を踏まえて、結論に導くような場合は、ロジカルシンキングが必要になります。一方、与えられた事実にとどまらず、常識の枠を超えた発想が求められる場合は、ロジカルシンキングでは新鮮味ある成果は期待できないので、ラテラルシンキングが有効です（図表40）。つまり、状況に応じて、これらをうまく使い分けることによって、より説得力のある高度なソリューションに繋げることができるのです。

(2) 深掘りの具体例

たとえば、ドレッシングを製造・販売する会社があり、主に地元のスーパーで販売しているとします。地元ではそこそこ人気があるので一定の売り上げは確保していますが、ここにきて伸び悩みが顕著になっています。この会社の売上を上げるためには、どのような施策が有効か、具体的に検討してみましょう。

まず、ロジカルな思考法によりアプローチしてみます。具体的には、以下のような深掘りをしていくことが可能です（図表41）。

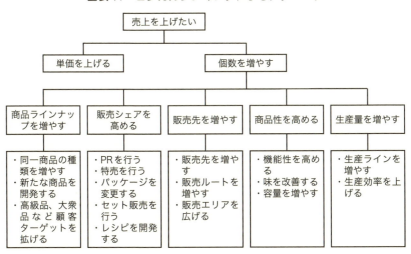

図表41　ロジカルシンキングによるアプローチ

まず、売上の構成要件ですが、これを分解すると販売数×単価になります。つまり、売り上げを上げるには、単価を上げる、あるいは販売数を増やす方策を実行するという2つの方法が考えられます。このうち単価を上げることにすれば、それ以上アプローチする方法はないので深掘りする必要はありません。一方、販売数を増やすとなると、たとえば①商品ラインナップを増やす、②販売シェアを上げる、③販売先を増やす、④商品性を高める、⑤生産量を増やすなど、様々な施策が考えられます。さらに、以下の通りそれぞれのテーマでの深掘りが可能です。

①の場合
㋐既存商品に〇〇味など新たな味の商品を加えることで品揃えを充実させる、㋑マヨネーズなど、これまで取り扱っていないドレッシング以外の商品を開発し販売する、㋒これまでの一般的な主婦層から、富裕層をターゲットにした商品を開発するなど、が考えられます。

②の場合
㋐認知度を高めるために広告宣伝などを積極的に行う、㋑特売を行う、㋒パッケージをより魅力的なものに変更する、㋓自社商品をセットにして販売するなど、が考えられます。

③の場合
㋐販売先を新規に増やす、㋑直接販売だけでなく卸業者を活用する、㋒ネット販売を活用する、㋓販売エリアを拡大するなど、が考えられます。

④の場合
㋐商品の原料構成を変えることでヘルシーさを強調する、㋑味を薄くする、㋒同価格で容量を増やしたり、コンパクトな商品を販売するなど、が考えられます。

⑤の場合
品切れ等により販売機会を逸している等の場合は、㋐生産ラインを

増設する、④工場を新設する、⑤生産効率を高めるといったことで生産量を増やし、販売量を増やすことなど、が考えられます。

　もう1つのラテラルな思考法ですが、以下のようなアプローチが考えられます。まず、ドレッシングの本質を考えてみます。ドレッシングは、一般的に野菜の味付けに使われる調味料ですが、

① 　ほかに用途が考えられないか。
⇒パンにつけてみる、ご飯にかけてみる、肉にかけてみるのはどうか？
② 　ドレッシングの原料を変えることはできないか。
⇒柑橘系、海産物系のものを加えるのはどうか？
③ 　食におけるドレッシングの位置づけを変えられないか。
⇒ドレッシングをメインにしたバーやレストランはできないか？調味料としてではなく、健康飲料として提供できないか？
④ 　ドレッシングへの嗜好を高められないか。
⇒子供専用ドレッシング、携帯型ドレッシング、○○専用ドレッシング、高級食材を使った限定ドレッシングはできないか？

といったように、可能性をどんどん広げていきます。もちろん中には「そんなの無理だよ」「非常識すぎる」というものもあるかもしれません。でも、それでいいのです。とにかく、思いついたアイデアを列挙することが重要なのです。というのも、経験や数字に裏打ちされたアプローチ手法のロジカルシンキングに対して、心理や感性に基づくアプローチ手法のラテラルシンキングに正解はないからです。

　今は、必要なものがすぐ手に入る非常に便利な社会です。たとえ専門性の高い商品であっても、ネットで調べて簡単に手に入れることができます。実は、そういう便利さが商品の汎用性を弱めている、換言すれば作る側がアイデア不足に陥る要因になっているのです。

2　ラテラルシンキングに必要な３つの力

　ラテラルシンキングには、次の３つの力が必要になります（木村尚義著「ずるい考え方」より）。

(1) **疑う力**
　対峙する言葉は、固定観念、常識、先入観、思い込みといった言葉です。皆さんは、カワカマス症候群という言葉を聴いたことがありますか。カワカマスというのは、カモのくちばしのような形をした口をもつ淡水魚のことです。このカワカマスを小魚のいるエリアとの間に透明のガラスの仕切りを入れた水槽に入れると、最初はガラスに頭をぶつけながら小魚を取ろうとしますが、最後には諦めてしまいます。そうなると、たとえガラスを取り払っても、カワカマスは以前ガラスがあったところから先には行こうとしないのです。つまり、ここにはガラスの板があるという思い込みがそうさせてしまっているのです。

　たとえば、TOTOが商標登録をもつ「ウォシュレット」は、今やほとんどの家庭に普及しています。現代社会において、もはやお尻をお湯で洗うのは当然の価値観と言っても過言ではないと思います。しかし、30年前はどうだったでしょうか。とても常識といえるような状況ではありませんでした。ちなみに筆者も「お尻はトイレットペーパーで拭けば十分。なにも水で洗う必要はない」と思っていた１人です。

　当時は、そういう人が大勢を占めていたにもかかわらず、同社の担当者は「お尻を洗うと気持ちいい。清潔でもある。」という価値観を提供しようと開発に心血を注いだのです。もちろん、実現までには様々な困難があったそうです。たとえば、当時のトイレにコンセントはなかったし、そもそもハウスメーカーに、トイレにコンセントを設置するという発想がありませんでした。それどころか、漏電リスクを懸念して、ハウスメーカーは「それは無理ですよ」と取り合ってすらもら

アイデア力がソリューション力を左右する

えなかったそうです。

　しかし、担当者はそうした反論にひるむことなく開発に取り組むことによって、世間の常識を覆すとともに、漏電リスクを削減した新たな製品を世に送り出したのです。今や国内のみならず世界中で使われる大ヒット商品になっていますが、もし開発担当者が当時の常識に縛られていたら、今もウォシュレットはこの世に存在していなかったかもしれません。

(2) **抽象化する力**

　抽象化する力とは、本質や機能に注目する力のことです。たとえば植物の竹が、これまでにどのような使われ方をされてきたか考えてみてください。筆者が思いつくままあげてみても、編み笠、ざる、籠、椅子、垣根、箒、熊手、竿、とっくり、耳かき、孫の手、竹馬、竹トンボ、水筒、和弓、釣竿、包装、ものさし、ペン等々、様々な使われ方をしています。なぜ様々な用途があるのでしょうか。それを知るためには、竹の本質、機能を理解する必要があります。

　竹は節のある筒状になっていて軽量かつ丈夫で、しかも柔軟性に優れています。また水を弾くので耐久性に優れているし、竹皮には亜硫酸やサリチル酸などが含まれているので防腐作用や殺菌作用もあります。こうした機能を昔の人たちは熟知していたからこそ、様々な使い方を発見していったのです。もうお分かりだと思いますが、ものの本質、機能を知ることこそが、新たなアイデアを生み出す種になるのです。

(3) **セレンディピティ**

　セレンディピティとは、偶然の発見力のことです。たとえば、自動車のフロントガラスが安全対策上、割れても飛び散らない構造になっていることは、車を運転する方なら誰でも知っていると思います。し

かし、割れても飛び散らないフロントガラスがどのように生まれたかをご存知の方は、それほど多くないと思います。

　割れても飛び散らないフロントガラスを発明したのは、フランスのエドワール・ベネディクトゥスという化学者で、実験中にフラスコを床に落とした際、偶然発見したといわれています。当然、大きな音を立ててガラスの破片が飛び散りましたが、よく見るとフラスコの底だけは、ひびが入っただけで飛び散ってはいませんでした。なぜだろうと考えたエドワールは、底の部分を詳細にチェックすることで薄い膜がくっついていることに気づいたのです。

　この膜は、もともと写真感光材の定着剤として使用していたコロジオンの溶液を、長期間放置していた結果できたものでした。たまたま交通事故の際、割れたフロントガラスで負傷したという記事が頭に浮かんだのがきっかけで、安全ガラスが誕生したというわけです。

　もう1つ、皆さんがよく「チン」と呼んでいる電子レンジですが、これも偶然の産物ということをご存知でしょうか。航空機レーダーを開発していたパーシー・スペンサーというアメリカの発明家が、実験の最中、たまたまスイッチの入ったマグネトロンの近くに立っていたとき、彼のポケットに入っていたキャンディが溶け始めたのがきっかけだそうです。「はっ」と思った彼は、すぐさまマグネトロンの導波管の前にポップコーンの原料をおいてみたら、見事にポップコーンがはじけた。そこで今度は同様の実験を生卵でもやってみたら、黄身が先に固まってしまい爆発してしまったそうです。こうした実験を繰り返すうち、彼はマイクロ波が調理器具として活用できることを確信し、それが電子レンジの誕生に繋がったというわけです。

　このように、ある事象や疑問に感じたことに対して、「なぜだろう」と興味を持つ力、それを観察する力を鍛えることが、思わぬアイデアに繋がるのです。

3 ラテラルシンキングを高める8つの着眼点

(1) 8つの着眼点とは

ラテラルシンキングに必要な3つの力を高めるためには、次の8つの着眼点がヒントになります。

① 代用する

携帯電話の歴史は、1985年に誕生した肩掛けタイプのショルダーホンが最初といわれています。もちろん当時のものは電話機能しかありませんでしたが、時代とともに小型化し、しかもメール、カメラなどの機能がどんどん付加され、今では常に持ち歩くもの、肌身離せないものになっています。さらに最近では、同じ位置づけだった財布の機能まで携帯につけることで、新たな付加価値を生んだ事例です。

② 除去する

「ビールというのはアルコールが入っているからこそビールである」というのが、ちょっと前まで世の中の常識でした。しかし、アルコールが飲めない下戸の人や、車を運転する人にもビールを楽しんでもらいたい。ある意味で「社会に貢献できるビールを提供したい」というコンセプトで開発を始め、思考錯誤の末、生まれたのがアルコールフリーのビールです。つまり、「ビール＝アルコール」という常識を排除することによって、新たな市場を生み出したのです。

③ 強調する

一昔前、悪役商会の八名信夫さんがCMを行ったキューサイの青汁。「ん〜不味い。もう一杯」というフレーズが人気を呼び、キューサイの青汁は知名度を高め、売上を伸ばしたという話はご存知ですよね。

また、はなわさんがCMに出ていた雪国まいたけの雪国もやし。これも、「雪国もやしは〜メチャクチャ高いから〜みんな絶対買うなよ〜」というフレーズでしたが、高いということを強調することで、逆

に主婦層の関心を引くことに成功しました。いずれも、「不味い」、「高い」という消費者にはネガティブな印象を与える言葉を逆手にとって、それを強調することで、消費者の購買意欲を高めることに成功したのです。

④　並び替え

皆さんの中にも、混雑したエレベーターに乗っていて降りたい階のボタンを押すことができず、結果的に乗り過ごしてしまったという経験がある方も少なくないと思います。こうしたイライラを解決するエレベーターが最近増えてきているのをご存知ですか。乗る前にあらかじめ降りる階を指定するボタンがエレベーターフロアに設置されており、そのボタンを押すことで、乗り込んでから「すみませ〜ん。〇〇階お願いします。」と声を張り上げる必要が無いという優れものです。

また、多くのスーパーでは、お金を支払っていただく導線の関係で、レジ係の左側にレジ機が置かれています。しかし、これだと高齢者のお客様が買った品物をサッカー台に運ぶのに困っていても、レジ機が邪魔してお手伝いすることができません。そこで、あるスーパーではレジ機を反対側に置くことで購入していただいた品物を運ぶサポートができるようにしたところ、非常に評判を得ているとのことです。

いずれも、ちょっとした並び替えの発想で課題を解決した好事例といえます。

⑤　組み合わせ

携帯電話は、多くの機能を組み合わせることによって顧客の利便性を高めています。その代表格ともいえるiPhoneは、「カメラ機能」「ゲーム機能」「音楽機能」「情報機能」など、様々な機能を組み込むことで、より利便性を高めています。

また、スリーエムジャパン㈱の「ポスト・イット」は、商品的に失敗した「接着力が弱い糊」と栞を組み合わせたらどうだろうかという

アイデア力がソリューション力を左右する

発想から「剥がせる栞」として商品化されました。それが、新しい市場を生み出し、結果的に大ヒットに繋がったのです。

⑥ 逆転する

新幹線、飛行機をはじめ、ちょっと前までは、時間をいかに短縮し効率的に移動できるかが社会の大きなテーマでした。ところが最近は、時間に追いかけられずのんびりと旅をしたいというニーズも高まっています。JR九州の「ななつ星」に代表されるクルーズトレインによる豪華旅行から、地元の人たちとの触れ合いを楽しむローカル線の旅まで、様々なかたちの旅が人気を呼んでいます。

また、以前は捨てられていた規格外の野菜も、今では訳あり商品として通販などで非常に人気が高くなっています。「形はいびつでも味は変わらないものを安価に提供する」というちょっとした発想の転換から生まれた事例です。

⑦ 無駄の活用

札幌市は、日本でも有数の豪雪地帯です。かつて、雪は単なるやっかいものでした。ところが昭和25年に地元の中学生、高校生が美術の授業の一環として大通公園に集められていた雪を使って6基の雪像を作ったところ、これが話題となり毎年開催されるようになりました。これが、「さっぽろ雪まつり」の始まりだそうです。以後、市民や自衛隊等が制作に加わり、今では世界の3大雪祭りとして200万人を動員する北海道最大のイベントに成長しています。まさに無駄を活用してビジネスに繋げた好事例といえます。

⑧ 先を読む

「損して得を取る」ということわざがありますが、クリスピー・クリーム・ドーナッツはチラシや宣伝を行わずに認知度を高めるために、何をしたと思いますか。実は、無料で12個入りのドーナッツを配布したのです。

お昼時間に配布することで、長い列ができる上、もらった女性はオ

フィスに持ち帰り、それを仲間とシェアする。これが口コミで広がり、評判が評判を呼び、予想以上のスピードで認知度を高めることができたというわけです。

(2) 事例

ここで質問です。次の3つは、何の事例だかわかりますか。
① 著作権使用料をあえてとらずに大儲けした事例
② 運動会のリレーで転倒する子供たちを見て着想した事例
③ 高級料理を安価で提供することで人気店となった事例

①の事例は、すでに数千億円の経済効果があったと言われている「くまモン」です。本来であれば「くまモン」というキャラクターブランドを使用する企業に対して、著作権使用料を支払ってもらうことになりますが、熊本県はそれをせずタダで使わせることにしたのです。それが結果的に「くまモン」ブランドを全国に拡げるとともに熊本の認知度を高め、商品需要だけでなく観光需要にも繋げることに成功しました。さらに地元企業の売り上げも伸び、税収増として戻ってきたという好事例です。

今や海外展開も行っており、そのブランド価値は益々高まっています。この事例は、前述した着眼点でいうと、まさに「逆転の発想」の好事例といえます。

②は、アキレスの「瞬足」というシューズの事例です。運動会は子供にとっての晴れの舞台ですが、なぜか左回りのトラックで転倒する子供が多い。そのことに気付いた開発者が、「転ばずに最後まで走らせてあげたい」という思いで完成させたのが、左右非対称ソールの「瞬足」です。

当時、靴は左右対称が常識でしたが、右足の内側、左足の外側と左右非対称にスパイクを埋め込むことで、子供たちの転倒を少なくする

ことに成功したのです。今でも続くヒット商品ですが、まさに「並び替えの発想」の好事例といえます。

③は、俺の株式会社の「俺の」シリーズのレストランの事例です。一流の腕前を持つシェフが作る料理は、なかなか庶民には手が届きません。しかし、オープンスペースにして、しかも立食にすれば回転率を高めることができる。そうすれば、一流シェフが作る料理を身近に味わってもらえるのではないかという発想で生まれたのが、「俺の〜」シリーズのレストランです。

通常、「高級料理店は回転率が低く原価率も低い。一方、大衆居酒屋は回転率が高く原価率も高い」という構造で採算を維持しています。その常識を覆し、それぞれのいいところを取って、高級料理店で出す料理の回転率を上げることによって原価率を大幅に高めることなく、リーズナブルな価格で提供するという、当時としては非常識とされた経営手法を、俺の株式会社はとったのです。

もちろん、ほかにも厨房スペースなどの無駄な部分を極力削除したり、内装をシンプルにするといった工夫が随所に見られます。こうした効率性を高める努力の結果、今や「俺の」シリーズは大人気レストランとなりブランドを横展開しながらさらに発展し続けています。

この事例は、まさしく「組み合わせの発想」です。

さて、いかがだったでしょうか。

発想力は急に身につくものではありません。多くのインプットを行うこと(経験、読書、対話等による外部からの情報収集)によって、初めて習得できるのです。それには、常に意識を高め、何事にも関心を持って接することが重要です。そうすれば、ふとした時にアイデアが頭に浮かんでくるはずです。

営業の現場においても、できる限り金融機関とは別の世界の多様な人たちと接することで、金融機関の常識に囚われない思考力を高める

べきです。本書で紹介した事例を見ても明らかな通り「世間の常識が、実は非常識である」ことも多々あるのです。ソリューションに求められるのは、そうした常識にとらわれない思考のひねりだということを、是非意識して日々の業務に取り組んでいただければ幸いです。

◆ 参考文献

・滝川秀則、澁谷耕一著『事例に学ぶ　法人営業の勘所』金融財政事情研究会、2010年
・滝川秀則著『人づくりのためのリーダーシップ実践術』金融財政事情研究会、2013年
・日本長期信用銀行審査部『企業調査要領』1978年
・高田貴久、岩澤智之著『問題解決』英治出版、2014年
・森岡毅著『USJを劇的に変えた、たった一つの考え方』角川書店、2016年
・木村尚義著『ずるい考え方』あさ出版、2011年

●著者略歴

滝川　秀則（たきがわ　ひでのり）

1984年神戸大学経営学部卒。
㈱日本長期信用銀行（現新生銀行）、㈱日本興業銀行（現みずほ銀行）、㈱東京スター銀行にて25年間にわたり株式、為替等のマーケット業務、大企業から中小企業までの幅広い法人営業業務を経験。
2009年以降、財務系コンサルティング会社のマネージングディレクター、医療系コンサルティング会社のCFO（財務責任者）を経て、2012年に株式会社LTCBネットワークスを設立、代表取締役に就任。
大企業から中小企業に至るまで幅広い企業を対象に経営アドバイザリー業務を提供しているほか、金融機関を中心にリーダーシップ研修、マネジメント研修、営業力強化研修など多様なテーマで組織力強化、人材育成のための研修・セミナーを実施している。

〈著書〉
『事例に学ぶ法人営業の勘所』（共著：金融財政事情研究会　2010年2月）
『ひとづくりのためのリーダーシップ実践術』（金融財政事情研究会　2013年12月）

株式会社LTCBネットワークス（http://www.ltcb.biz/）
〒103-0025　東京都中央区日本橋茅場町1-2-12　共同ビル（中央）2階
Tel　03-6661-1984　Fax　03-6661-1987
info@ltcb.biz

融資力トレーニングブック　事業性評価融資推進とソリューション営業

2018年2月15日発行　初版第1刷発行

著　者　　滝　川　秀　則
発行者　　酒　井　敬　男

発行所　株式会社ビジネス教育出版社

〒102-0074　東京都千代田区九段南4-7-13
TEL 03 (3221) 5361（代表）／FAX 03 (3222) 7878
E-mail▶info@bks.co.jp　URL▶http://www.bks.co.jp

印刷・製本／シナノ印刷㈱　　装丁／㈱クラップス
落丁・乱丁はお取り替えします。

ISBM978-4-8283-0694-0

本書のコピー、スキャン、デジタル化等の無断複写は、著作権法上での例外を除き禁じられています。購入者以外の第三者による本書のいかなる電子複製も一切認められておりません。